Libro di Ricette per cucinare il Pesce

+50 Deliziose Ricette Semplici Di Pesce

Johan Castillo

Tutti i diritti riservati.

Disclaimer

Le informazioni contenute in i intendono servire come una raccolta completa di strategie sulle quali l'autore di questo eBook ha svolto delle ricerche. Riassunti, strategie, suggerimenti e trucchi sono solo raccomandazioni dell'autore e la lettura di questo eBook non garantirà che i propri risultati rispecchino esattamente i risultati dell'autore. L'autore dell'eBook ha compiuto ogni ragionevole sforzo per fornire informazioni aggiornate e accurate ai lettori dell'eBook. L'autore e i suoi associati non saranno ritenuti responsabili per eventuali errori o omissioni involontarie che possono essere trovati. Il materiale nell'eBook può includere informazioni di terzi. I materiali di terze parti comprendono le opinioni espresse dai rispettivi proprietari. In quanto tale, l'autore dell'eBook non si assume alcuna responsabilità per materiale o opinioni di terzi.

SOMMARIO

INTRODUZIONE 7

TORTE DI PESCE AFFUMICATE CON BRICIOLE DI NASTURZIO 10

PACCHETTI DI PESCI DI TERIYAKI 13

FISHCAKE DI TROTA AFFUMICATA CON INSALATA DI PISELLI E CRESCIA 15

GRAFICO A TORTA TAILANDESE DEI PESCI 18

STUFATO DI PESCE ALLA FRANCESE 21

CURRY DI PESCE ROSSO TAILANDESE CON LE TAGLIATELLE 24

PESCE ANCORATO CON PATATINE DOLCI 26

BANH DI PESCE MI CON VERDURE RAPIDE IN SALSA 28

KINGFISH STAGIONATO CON BARBABIETOLA DECAPATA 30

TROTA STAGIONATA CON INSALATA DI FINOCCHI E SCREPOLATURA DI PESCE 32

CAVOLINI DI BRUXELLES CON SALSA DI PESCE VINAIGRETTE 35

SOUPE DE POISSON (ZUPPA DI PESCE) 37

PESCE FRITTO IN PANE CON SALSA DI ERBE 40

PROVENCALE KINGFISH 42

FISHCAKES CON PISELLI CRUSH 44

MINESTRA TAILANDESE DI PESCE E ZUCCA 47

PESCE ASIATICO COTTO IN UNA FOGLIA DI BANANA..................49

DOMENICA PESCE ARROSTO...............52

TAGINE DI PESCI E GAMBERETTI CON LE ALBICOCCHE 54

SEAFOOD ESPETADA (SPIEDINI PORTOGHESI).....56

HOMESTYLE FISHCAKES CON TARTARE DI CAPPERI 58

PESCE IN CROSTA DI MACADAMIA CON INSALATA DI ERBE 61

KINGFISH IN PADELLA CON CAVOLO E PANCETTA AFFUMICATA................63

PESCE MARINATO ALLO YOGURT CON ZUCCHINE 65

MINI TORTE DI PESCE...............68

LINGUINI AL NERO DI CALAMARI AL LIMONE CONSERVATO E SCALOPPIO..............71

CAPESANTE SALTATE CON CONDIMENTO AL JALAPEÑO................73

CAPPOTTO E TOFU SETA CON BURRO DI SOIA E WASABI.................75

MATT MORAN'S CAPESTA HERVEY BAY ALLA GRIGLIA CON CONDIMENTO DI TOGARASHI E SCIROPPO DI PEPERONCINO...............77

CAPPOTE SCOTTATE CON CREMA FRAICHE E WASABI CRUNCH.................79

SCALOPE TARTARE................81

CEVICHE PUNTATE DI TEQUILA 83

TEQUILA SCALLOP CEVICHE.................................85

CAPPUCCIO CARAMELLATO MIANG (FOGLIE DI BETEL)..................................87

CROSTATE DI CAPPUCCIO CON PUREA DI CAROTA E CARDAMOMO..................................89

CAPPOTE SCOTTATE CON POLVERE DI PANCETTA E AVOCADO SCHIACCIATO SU TOAST 92

PALPE CARAMELLATE CON BARBABIETOLA, NOCI E FELICE 94

CAPPOTE SCOTTATE CON CHORIZO E CAPSICO ARROSTO..................................96

CAPESANTE CON PANE, PISELLI E PROSCIUTTO ...99

CAPESANTE AL MANGO FRESCO E SALSA ALLO ZAFFERANO 101

CAPESANTE AL VAPORE CON VERDURE CINESI SALATE..................................103

SCALLOPINE DI VITELLO CON INSALATA DI FINOCCHI E PARMIGIANO..................................105

CAPESANTE CON PEPERONATA E AIOLI..................107

CAPESANTE, CARCIOFI DI GERUSALEMME E RADICCHIO 109

CAPESANTE CON FAGIOLI NERI E PEPERONCINO 111

INSALATA CALDA DI CAPALE E NOCI 113

CAPESANTE CON RISO PICCANTE..................................115

CAPESANTE DI CONFETTURA AL PEPERONCINO CON VERDI ASIATICI...117

CAPESANTE CON TAGLIATELLE E SALSA D'OSTRICA
....119

CEVICHE DI SALMONE E PALO 122

CONCLUSIONE..124

INTRODUZIONE

Una dieta pescataria è una dieta vegetariana flessibile che include pesce e altri frutti di mare. Quando aggiungi il pesce a una dieta vegetariana, ottieni i seguenti benefici:

Le proteine del pesce aumentano la sazietà rispetto al manzo e al pollo. Ciò significa che ti sentirai sazio rapidamente e non mangerai troppo. Se stai cercando di perdere qualche chilo, è il momento giusto per iniziare a seguire una dieta pescatarian.

Il calcio è estremamente importante per la salute delle ossa. Il semplice consumo di verdure non fornisce al tuo corpo abbastanza calcio. Ma l'aggiunta di pesce a una dieta vegetariana sì

I pesci grassi sono ottime fonti di acidi grassi omega-3. Questi acidi aiutano a ridurre l'infiammazione nel corpo, che a sua volta riduce il rischio di obesità, diabete e malattie cardiache.

Rispetto ad altre proteine animali, il consumo di pesce contribuisce in misura minore all'emissione di gas serra. Così puoi proteggere l'ambiente e la tua salute.

Per alcuni, mangiare solo verdura, frutta e noci può essere noioso. L'aggiunta di pesce o altri frutti di mare aiuta a migliorare il gusto e l'umore generale del pranzo e / o della cena.

Molte persone sono allergiche alle uova, intolleranti al lattosio o potrebbero voler evitare di mangiare carne o latticini. Per loro, il pesce può essere una buona fonte di proteine complete, calcio e grassi sani.

COSA MANGIANO I PESCATARI?

FRUTTI DI MARE: sgombri, spigole, eglefino, salmone, tonno, Hilsa, sardine, pomfret, carpe, merluzzo, caviale, cozze, gamberi, ostriche, gamberi, aragoste, granchi, calamari e capesante.

VERDURE: spinaci, bietole, ravanelli, carote, bengala, barbabietole, carote, broccoli, cavolfiori, cavoli, cavoli cinesi, patate dolci, ravanelli, rapa, pastinaca, cavoli, cetrioli e pomodori

FRUTTA: mela, banana, avocado, fragole, more, gelsi, mirtilli, uva spina, ananas, papaia, frutto del drago, frutto della passione, anguria, melone, guava, pesca, pera, pluot, prugna e mango.

PROTEINE: fagioli, lenticchie, pesce, funghi, grammo del Bengala, germogli, piselli dagli occhi neri, fagioli dall'occhio, ceci, soia, latte di soia, edamame e tofu.

GRANI INTERI: riso integrale, orzo, frumento spezzato, sorgo, pane multicereali e farina multicereali.

GRASSI E OLI: olio d'oliva, olio di avocado, olio di pesce, burro chiarificato, burro di girasole e olio di crusca di riso.

Noci e semi Mandorle, noci, pistacchi, macadamia, pinoli, nocciole, semi di girasole, semi di melone, semi di zucca, semi di chia e semi di lino.

Erbe e spezie Coriandolo, aneto, finocchio, prezzemolo, origano, timo, alloro, peperoncino in scaglie, peperoncino in polvere, peperoncino rosso del Kashmir in polvere, curcuma, coriandolo, cumino, semi di senape, senape inglese, pasta di senape, anice stellato, zafferano, cardamomo, chiodi di garofano, aglio, cannella, zenzero, macis, noce moscata, pimento, cipolla in polvere, aglio in polvere e zenzero in polvere.

BEVANDE: Acqua, acqua di cocco, "acqua detox> e succhi di frutta / verdura appena spremuti.

Con questi ingredienti, puoi facilmente elaborare un programma di dieta nutrizionalmente equilibrato. Dai un'occhiata a questo esempio di dieta pescatariana.

TORTE DI PESCE AFFUMICATE CON BRICIOLE DI NASTURZIO

Porzioni: 12

INGREDIENTI

- 500g non colorato affumicato cod
- 2 tazze (500 ml) di latte
- 1 foglia di alloro
- 1 cucchiaio di olio di girasole, più una quantità extra per friggere
- 1 cipolla, tritata finemente
- 1 spicchio d'aglio, tritato finemente
- 500 g di patate Pontiac o Desiree, sbucciate e tagliate in quarti

- 30 g di burro non salato
- 2 uova, leggermente sbattute
- 1 tuorlo d'uovo, extra
- 20 fiori e foglie di nasturzio
- 2 tazze (100 g) di pangrattato panko
- 1 1/4 tazze (100 g) di parmigiano grattugiato
- 2 tazze (300 g) di farina 00, condita
- 1 tazza (300 g) di maionese con uova intere
- 2 cucchiai di succo di limone

PREPARAZIONE

1. Mettere il pesce, con la carne rivolta verso il basso, in un'ampia padella con il latte e la foglia di alloro, e cuocere per 6 minuti o finché sono teneri a fuoco medio-basso. Rimuovere la foglia di alloro e filtrare in una tazza, riservando il liquido di cottura. Elimina dall'equazione.

2. Nel frattempo, scaldare l'olio in una padella a fuoco medio e cuocere cipolla e aglio fino a renderli morbidi, circa 1-2 minuti.

3. Portare a ebollizione una pentola di acqua fredda salata a fuoco medio-alto con dentro le patate. Cuocere per 12 minuti o finché le verdure non saranno tenere. Scolare, quindi schiacciare con il burro e quanto basta del liquido per la cottura in camicia di pesce riservato per inumidire il composto mantenendolo fermo. Condite con sale e pepe, quindi aggiungete il composto di cipolle e il tuorlo d'uovo. Sbucciate il pesce e aggiungetelo al

composto di patate, eliminando la pelle e le eventuali lische. Prepara 12 polpette con il composto.

4. Riservate 10 fiori di nasturzio per l'insalata, poi tagliate il resto a pezzetti e conditeli con il pangrattato (o sbattete brevemente i fiori e il pangrattato in un piccolo robot da cucina). Incorporate il parmigiano fino a quando non sarà ben amalgamato.

5. Cospargere i tortini di pesce nella farina condita, scrollarsi di dosso l'eccesso, poi nell'uovo sbattuto, seguito dal composto di pangrattato. Per rassodare, rilassati per 15 minuti.

6. Nel frattempo, prepara un condimento sciolto con maionese, succo di limone e un po 'di acqua tiepida. In una tazza, unire le foglie di nasturzio e i fiori riservati. Elimina dall'equazione.

7. Versare metà dell'olio in una friggitrice o in una grande casseruola e scaldare a 190 ° C (un cubetto di pane diventerà dorato in 30 secondi quando l'olio sarà abbastanza caldo). Friggi le gallette di pesce in lotti per 1 minuto e mezzo o finché non diventano dorate. Scolare su carta assorbente e tenere in caldo fino a quando il resto delle gallette di pesce sarà pronto.

8. Servire gallette di pesce calde per condire con insalata di nasturzi e maionese al limone.

PACCHETTI DI PESCI DI

Porzioni: 4

INGREDIENTI

- 2 cucchiai di mirin
- 2 cucchiai di sake
- 60 ml di salsa di soia scura
- 2 cucchiaini di miele
- Zenzero da 4 cm, grattugiato
- 4 x 150 g di filetti di molva (o altri filetti di pesce bianco sodi)
- 200 g di funghi shiitake, a fette
- 200 g di edamame con baccello congelato, bucce rimosse

- 2/3 di tazza (25 g) di germogli di soia
- Foglie di coriandolo, per servire

PREPARAZIONE

1.In una terrina, unisci mirin, sake, soia, miele e zenzero; versate sopra il pesce e lasciate marinare per 30 minuti.

2.Preriscaldare un barbecue ad alta temperatura (con coperchio) o un forno a 225 ° C. Togli il pesce dalla marinata e metti da parte 80 ml. Posizionare due quadrati di carta da forno da 50 cm uno sopra l'altro per ogni pacco, quindi un quadrato di carta da forno da 50 cm sopra. Per fare una tazza, piega le estremità della pellicola sulla carta. Al centro di ogni tazza mettere un pezzo di pesce, cospargere di funghi e irrorare con 1 cucchiaio della marinata riservata. Per fare un pacco, raccogli le estremità della carta da forno e stagnola insieme. Mettere su una griglia e chiudere il coperchio o cuocere per 15 minuti o fino a cottura completa in forno.

3.Nel frattempo mettete l'edamame in una ciotola, coprite con acqua bollente e mettete da parte per 5 minuti a bagno. Scolare l'acqua.

4.Per mangiare, spargere edamame, germogli di soia e foglie di coriandolo sulla trota.

FISHCAKE DI TROTA AFFUMICATA CON INSALATA DI PISELLI E CRESCIA

Porzioni: 4

INGREDIENTI

- 800 g di patate Desiree, sbucciate e tritate
- La scorza e il succo di 1 limone finemente grattugiati, più spicchi extra per servire
- 1/4 tazza di erba cipollina tritata, più una quantità extra per servire
- 300 g di trota oceanica affumicata, tritata grossolanamente

- 200 g di creme fraiche
- 2 uova, leggermente sbattute con 1 cucchiaio di acqua
- 50 g di pangrattato secco
- Olio d'oliva, per soffriggere, più un extra per condire
- 1 cucchiaino di senape di Digione
- 1 cucchiaio di aceto di mele
- 1 tazza (160 g) di piselli freschi
- 1 mazzetto di crescione

PREPARAZIONE

1.In una grande casseruola di acqua fredda salata, mettete le patate. Portare a ebollizione, quindi ridurre a fuoco medio-alto e cuocere per 15-20 minuti o finché le verdure non saranno tenere. Ritorna nella padella dopo averlo scolato. Riscaldare per 30 secondi, mescolando continuamente, per eliminare l'acqua in eccesso. Lasciar raffreddare leggermente prima di schiacciare grossolanamente.

2.In una terrina, unire la scorza di limone, l'erba cipollina, la trota oceanica e 2 cucchiai di crema fraiche.

3.Sale e pepe a piacere, poi copri e lascia raffreddare per 15 minuti.

4.Fai 12 palline dalla miscela e appiattisci leggermente per ottenere polpette spesse 3 cm. Arrotolare nel pangrattato dopo aver ricoperto con uovo lavato.

5. Scaldare 2 cm di olio in una padella a fuoco medio e friggere le frittelle di pesce in lotti per 1 minuto e mezzo per lato o finché non diventano dorate e croccanti. Utilizzando un tovagliolo di carta, assorbire il liquido in eccesso e tenerlo al caldo.

6. In una tazza separata, sbatti insieme la senape di Digione, l'aceto di sidro di mele e la creme fraiche rimanente, condisci a piacere e metti da parte. In una pirofila, unire i piselli e il crescione. Condite con sale e pepe dopo aver spruzzato con succo di limone e olio d'oliva.

7. Servire le tortine di pesce con insalata, salsa di creme fraiche, spicchi di limone e erba cipollina aggiuntiva sul lato.

GRAFICO   A   TORTA

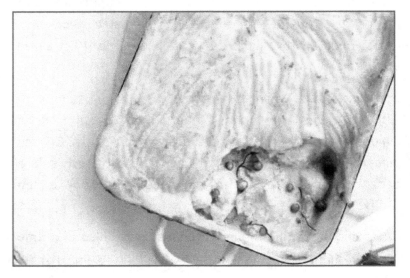

S

Porzioni: 4

INGREDIENTI

- 400 ml di latte di cocco
- 1 gambo di citronella (solo torsolo interno)
- 2 spicchi d'aglio, tritati finemente
- Zenzero da 2 cm, grattugiato
- 2 cucchiaini di zucchero di palma grattugiato
- 1 peperoncino rosso lungo, privati dei semi, tritati
- 2 cucchiaini di salsa di pesce
- Succo di 1/2 lime
- 4 foglie di lime kaffir, 2 sminuzzate

- 2 cucchiai di pasta di curry verde
- 1,2 kg di patate pontiac, tritate grossolanamente
- 80 g di burro non salato, più un extra per punteggiare
- 60 ml di latte
- 250 g di filetti di molva senza pelle, tritati
- 250 g di filetti di salmone senza pelle, tritati
- 16 gamberi verdi, pelati, sgusciati
- 1 tazza (120 g) di piselli surgelati, scongelati
- 2 cucchiai di foglie di coriandolo tritate finemente

PREPARAZIONE

1.Preriscaldare il forno a 180 gradi Celsius.

2.In una casseruola media, aggiungi il latte di cocco, la citronella, l'aglio, lo zenzero, lo zucchero, il peperoncino, la salsa di pesce, il succo di lime, le foglie di lime kaffir e la pasta di curry. Portare a ebollizione, mescolando di tanto in tanto, quindi mettere da parte in infusione per 10 minuti.

3.Posizionare le patate in una casseruola di acqua fredda salata a fuoco vivo nel frattempo. Portare a ebollizione, quindi ridurre a fuoco lento e cuocere per 12 minuti o finché le verdure non saranno tenere. Scolare e schiacciare le patate, quindi aggiungere il burro e il latte, condire con sale e pepe e sbattere con un cucchiaio di legno fino a ottenere un composto liscio e spumoso.

4.In una pirofila da 1,2 litri, unire il tonno, i gamberi ei piselli. Rimuovere e scartare la citronella e le foglie intere di lime dalla salsa. Versare sopra i frutti di mare dopo aver applicato il coriandolo.

5. Cospargere con altro burro e guarnire con purè di patate, rastrellando la superficie con una forchetta.

6. Infornare per 25-30 minuti o finché la parte superiore non sarà dorata e i frutti di mare saranno cotti.

STUFATO DI PESCE ALLA

S

Porzioni: 6

INGREDIENTI

- 60 ml di olio d'oliva
- 6 gamberi verdi grandi, pelati (code intatte), puliti, conservati con i gusci
- 150 ml di vino bianco
- 200 ml di brodo di pesce di buona qualità
- 1 finocchio piccolo, tritato finemente
- 1 cipolla, tritata finemente
- 3 spicchi d'aglio, tagliati a fettine sottili
- 1 patata Desiree, tritata

- Scorza di 1 arancia
- 1 foglia di alloro
- 2 cucchiaini di foglie di timo tritate
- 1 cucchiaio di harissa
- 2 cucchiai di passata di pomodoro
- 400 g di pomodori tritati
- 12 cozze, sbucciate
- 200 g di pesce sodo disossato, tagliato a pezzi di 3 cm
- 150 g di maionese con uova intere
- 2 cucchiai di foglie di prezzemolo a foglia piatta tritate
- Baguette, per servire

PREPARAZIONE

1.In un'ampia padella, scaldare 1 cucchiaio di olio a fuoco medio-alto. Friggere i gusci di gamberi finché non diventano rosa, circa 1-2 minuti. Cuocere per 2-3 minuti, o finché il vino non si sarà ridotto della metà. Portare il brodo a ebollizione, quindi filtrare e mettere da parte.

2.In una padella, scaldare i restanti 2 cucchiai di olio a fuoco medio. Condite con sale e pepe, quindi abbassate la fiamma e aggiungete il finocchio, la cipolla e l'aglio.

3.Cuocere per 10 minuti o fino a quando le verdure saranno ammorbidite e avvolte.

4.Nel frattempo, cuocere le patate per 10 minuti o fino a quando sono quasi tenere in una casseruola di acqua bollente e salata, quindi scolarle.

5. Mescolare il composto di cipolla con la scorza d'arancia, la foglia di alloro, il timo e metà dell'harissa. Quindi vengono aggiunti la patata, la passata di pomodoro, il pomodoro in scatola e il brodo filtrato. Condire dopo 10 minuti di cottura a fuoco lento o fino a quando leggermente ridotto.

6.Portare a bollore i gamberi, le cozze e il pesce sgusciati. Coprite e cuocete per 3 minuti, o fino a quando le cozze si saranno aperte e il pesce sarà appena cotto.

7. Unisci la maionese e la restante harissa in una terrina. Servire lo spezzatino con baguette e maionese, guarnito con prezzemolo.

CURRY DI PESCE ROSSO TAILANDESE CON LE TAGLIATELLE

Porzioni: 4

INGREDIENTI

- Spaghetti di riso Pad Thai 200g
- 60 ml di olio di arachidi
- 600 g di filetti di pesce bianco sodi e disossati (come la molva), tagliati a fette spesse 2 cm
- 2 spicchi d'aglio, tritati finemente
- 1/2 mazzo di cipolline, tritate, parti scure e chiare separate
- 1 mazzetto di coriandolo, foglie raccolte, radici tritate

- 60 ml di pasta di curry rosso tailandese
- 1 cucchiaio di salsa di pesce
- 150 g di piselli dolci
- 2/3 di tazza (165 ml) di crema al cocco
- 1/2 tazza (75 g) di arachidi tritate
- Germogli di fagioli, per servire
- Spicchi di lime, per servire

PREPARAZIONE

1. Mettere a bagno i noodles per 10 minuti in acqua calda o finché sono teneri, quindi scolarli. Elimina dall'equazione.

2. Condire il pesce con 1 cucchiaio di olio in un wok a fuoco alto. Metà del pesce deve essere saltato in padella per 2 minuti o fino a doratura, quindi trasferito su un vassoio. Ripeti con il pesce rimanente e 1 cucchiaio di olio.

In una padella a parte, scaldare il restante cucchiaio di olio e aggiungere l'aglio, il cipollotto bianco e la radice di coriandolo. Soffriggi per 1-2 minuti o finché le verdure non si saranno ammorbidite. Incorporare la pasta di curry per altri 2 minuti o fino a quando non diventa fragrante, quindi aggiungere la salsa di pesce, i piselli dolci e 60 ml di acqua e cuocere per altri 2 minuti o finché la salsa non si è leggermente ridotta. Rimetti il pesce nel wok, insieme al cipollotto e alla crema di cocco rimanenti, e mescola per mescolare e riscaldare.

4. Versare la miscela di noodle in quattro ciotole e coprire con il pesce al curry. Servire subito con foglie di coriandolo, arachidi, germogli di soia e spicchi di lime.

PESCE ANCORATO CON PATATINE DOLCI

Porzioni: 4

INGREDIENTI

- 4 filetti occhi azzurri da 180 g, senza pelle
- 30 g di burro non salato, sciolto
- 2 cucchiai di miscela di spezie Cajun
- 80 ml di olio d'oliva
- 800 g di patata dolce, tagliata a patatine
- 1 1/2 cucchiaino di zucchero semolato
- Aioli, foglie di coriandolo e spicchi di limone, per servire

PREPARAZIONE

1.Spazzolare il pesce con il burro, condire con sale e pepe e cospargere con la miscela di spezie Cajun. Consentire 30 minuti per la marinatura.

2.Preriscaldare il forno a 220 ° C. Condisci le patatine con 60 ml di olio, quindi condisci con sale e zucchero. Cuocere per 25 minuti, girando a metà o finché non sono croccanti, su una griglia posta sopra una teglia.

3.In una padella separata, scalda il restante 1 cucchiaio di olio a fuoco medio-alto. Cuocere per 6-8 minuti, girando una volta, finché il pesce non sarà finito. A parte, servire il pesce con patatine, salsa aioli, coriandolo e spicchi di limone.

BANH DI PESCE MI CON VERDURE RAPIDE IN SALSA

Porzioni: 4

INGREDIENTI

- 1 cucchiaino di curcuma macinata
- 2 cucchiai di farina 00
- 80 ml di latte
- 2 cucchiai di aneto fresco, tritato
- 500 g di filetti di pesce bianco sodo disossato (come l'occhio azzurro), tagliati a pezzi di 2 cm
- 2 cucchiai di olio di cocco
- 1 baguette spessa, divisa
- 1 cetriolo libanese, affettato sottilmente

- 1 tazza di coriandolo fresco
- 1 tazza di foglie di basilico tailandese
- 1 lime, tagliato a metà
- VERDURE IN SALSA RAPIDO
- 75 g di zucchero di cocco
- 80 ml di aceto di riso
- 1 carota, tagliata a bastoncini
- 1 daikon piccolo (ravanello bianco asiatico), tagliato a bastoncini

PREPARAZIONE

1.Unire lo zucchero e l'aceto in una piccola casseruola a fuoco basso, mescolando fino a quando lo zucchero si è sciolto, quindi mettere da parte a raffreddare per le semplici verdure sottaceto. Mettere da parte per altri 30 minuti per marinare le carote e il daikon, quindi scolare.

2.In una ciotola separata, mescola la curcuma e la farina, quindi condisci. In un piatto a parte, unire il latte e l'aneto. Scuotere la farina in eccesso dopo aver immerso il pesce nella miscela di latte e poi nella miscela di farina.

3.In una padella di medie dimensioni, scaldare l'olio. Cuoci il pesce in lotti per 3-4 minuti, ruotandolo una volta o finché non diventa dorato.

4. Spennellate l'interno della baguette con un filo d'olio. Metti il tonno, il cetriolo, le verdure sottaceto, il coriandolo e il basilico tailandese sulla baguette. Per servire, spremere il succo di lime sopra.

KINGFISH STAGIONATO CON BARBABIETOLA DECAPATA

S

Porzioni: 4

INGREDIENTI

- 1 cucchiaino ciascuno di pepe nero in grani, semi di coriandolo e semi di finocchio, schiacciati
- 110 g di falsi di sale marino
- 110 g di zucchero semolato
- 1/2 tazza di aneto tritato, più rametti per servire
- 500 g di filetto di kingfish senza pelle di qualità sashimi
- 100 g di panna acida
- 80 ml di latte

- 2 cucchiaini di succo di limone
- Foglie di prezzemolo a foglia piatta, per servire
- BARBABIETOLA DECAPATA
- 80 ml di aceto di vino bianco
- 2 foglie di alloro
- 1 cucchiaino di semi di coriandolo
- 2 cucchiai di zucchero semolato
- 3 cucchiaini di succo di lime
- 1 mazzetto di barbabietola rossa cruda, sbucciata e affettata sottilmente

PREPARAZIONE

1.In una terrina, unisci le spezie, il sale, lo zucchero e l'aneto. Girare il pesce per ricoprirlo nella salsa. Mettete in frigorifero per 3-4 ore, coperto. Risciacquare abbondantemente e asciugare tamponando.

2. In una padella a fuoco medio, mescola aceto, alloro, semi di coriandolo, zucchero, 80 ml di acqua e 2 cucchiaini di sale per la barbabietola. Portare a ebollizione, quindi spegnere il fuoco e aggiungere il lime. Versare il liquido di salamoia sulle barbabietole in un piatto. Condire con sale e pepe. Lasciar marinare per 2 ore. Scolare l'acqua.

3.In una terrina, unisci la panna acida, il latte e il succo di limone. È quel periodo dell'anno.

4. Affettare finemente il pesce e servire con un condimento di barbabietola rossa, aneto e prezzemolo ..

TROTA STAGIONATA CON INSALATA DI FINOCCHI E SCREPOLATURA DI PESCE

Porzioni: 4

INGREDIENTI

- 500 g di trota iridea o d'acqua dolce, sfilettata (lasciando la pelle intatta), spinata
- 110 g di zucchero semolato
- 150 g di falsi di sale marino
- 1/4 mazzetto di aneto, tritato finemente
- La scorza grattugiata fine di 1 1/2 limoni, più il succo di 1 limone

- Olio di semi di girasole, per friggere
- 1 finocchietto, le fronde riservate
- 2 cucchiai di olio d'oliva
- 1 cetriolo libanese, sbucciato, tritato finemente
- 1 cucchiaio di capperi baby, sciacquati, scolati
- 100 g di creme fraiche

PREPARAZIONE

1.Rimuovere la pelle dai filetti di trota, quindi tagliare e raschiare la pelle. Coprite la pelle con la pellicola e mettetela in frigorifero fino al momento dell'uso.

2.In una terrina, unisci lo zucchero, il sale, l'aneto e metà della scorza di limone. Metti metà della miscela di zucchero su un grande pezzo di pellicola trasparente su una superficie di lavoro. Coprite con il composto rimanente e adagiatevi sopra le trote. Mettere in una pirofila, avvolto nella pellicola trasparente (la cura potrebbe far fuoriuscire il liquido). Consentire di rilassarsi durante la notte.

3.Preriscaldare il forno a 75 ° C il giorno successivo. Adagiare le bucce su una teglia rivestita di carta forno. Infornare per 30 minuti o finché non diventa croccante, quindi tagliare ogni pezzo di pelle in quarti con le forbici da cucina.

4.Scaldate una piccola casseruola piena per metà di olio di semi di girasole a 190 ° C (un cubetto di pane diventerà dorato in 30 secondi). Croccare le bucce in una friggitrice per 1 minuto. Mettere da parte dopo averle scolate su carta assorbente e condite con sale.

5.Usando una mandolina, radere finemente il finocchio, quindi condirlo con olio d'oliva e succo di limone. Sciacquare le trote sotto l'acqua corrente fredda dopo averle tolte dalla pellicola. Utilizzando un tovagliolo di carta, asciugare tamponando. La trota può essere tagliata a pezzi da 1 cm con un coltello affilato.

6.Unire la trota, il cetriolo, i capperi e la scorza di limone rimanente in una terrina. Servire con creme fraiche, crackling e fronde di finocchio riservate sopra l'insalata di finocchi e il composto di trote.

CAVOLINI DI BRUXELLES CON SALSA DI PESCE VINAIGRETTE

Porzioni: 4

INGREDIENTI

- Olio di semi di girasole, per friggere
- 500 g di cavoletti di Bruxelles, tagliati a metà
- 1/4 mazzetto di coriandolo, foglie raccolte
- 1/4 tazza di foglie di menta tritate finemente
- VINAIGRETTE DI SALSA DI PESCE
- 60 ml di salsa di pesce
- 1 cucchiaio di aceto di riso

- 1/2 lime, carbonizzato, spremuto
- 1 1/2 cucchiaio di zucchero semolato
- 1 spicchio d'aglio, schiacciato
- 1 peperoncino rosso piccolo e peperoncino verde piccolo, tagliati a fettine sottili

PREPARAZIONE

1.Per fare la vinaigrette, sbatti insieme tutti gli ingredienti in una ciotola con 2 cucchiai d'acqua.

2. Riscaldare una friggitrice piena d'olio o una casseruola grande a 180 ° C. Cuocere i cavoletti di Bruxelles, in lotti di 2-3, per 1-2 minuti, fino a quando le foglie esterne sono marrone scuro ei cavoletti sono teneri. Utilizzando un tovagliolo di carta, assorbire il liquido in eccesso.

3.Per servire, mescolare i germogli, il coriandolo e la menta su un piatto da portata con 80 ml di vinaigrette e mescolare delicatamente per amalgamare.

SOUPE DE POISSON (ZUPPA DI PESCE)

S

Porzioni: 6

INGREDIENTI

- 2 cucchiai di olio d'oliva
- 2 cipolle, tritate grossolanamente
- 2 porri (solo parte chiara), tritati
- 1 kg di frutti di mare misti (come gamberi interi, salmone e occhi azzurri)
- 1 finocchio, tritato
- 4 pomodori, tritati
- 2 spicchi d'aglio, tritati

- 2 rametti di prezzemolo a foglia piatta, più il prezzemolo tritato per servire
- 2 foglie di alloro
- 1 scorza lunga di arancia sbucciata
- 1 cucchiaio di concentrato di pomodoro
- 1 litro (4 tazze) di brodo di pesce di buona qualità
- 2 tazze (500 ml) di zuppa di pesce provenzale o bisque di aragosta in scatola
- 125 ml di panna addensata
- Toast al formaggio e maionese allo zafferano (facoltativo), per servire

PREPARAZIONE

1.In una grande casseruola, scaldare l'olio a fuoco medio. Cuocere, mescolando periodicamente, per 2-3 minuti, o fino a quando la cipolla e il porro iniziano ad ammorbidirsi. Incorporare i frutti di mare, il finocchio, il pomodoro, l'aglio e il prezzemolo per 2 minuti. Incorporare le foglie di alloro, la scorza d'arancia e il concentrato di pomodoro, quindi versare la riserva di pesce. Portare a ebollizione a fuoco alto, quindi ridurre a fuoco basso e cuocere per 30 minuti, o fino a quando i filetti di pesce non si saranno rotti. Per eliminare il sapore, filtrare al setaccio quando si preme sui solidi.

2. Rimettere il brodo nella padella con la zuppa di pesce o la bisque di aragosta e cuocere per 10 minuti a fuoco medio, fino a quando non si sarà leggermente ridotto. Incorporare il latte, quindi cuocere per 1 minuto o fino a completo riscaldamento. Condire, quindi versare in

ciotole calde, guarnire con prezzemolo extra, toast e maionese, se lo si desidera.

PESCE FRITTO IN PANE CON SALSA DI ERBE

Porzioni: 4

INGREDIENTI

- 1 limone grande
- 3 spicchi d'aglio, affettati
- 1 tazza di foglie di prezzemolo a foglia piatta, strappate
- 12 foglie di menta e basilico ciascuna, strappate
- 1/4 tazza di foglie di origano
- 80 ml di olio extravergine di oliva
- 4 x 180 g di filetti di pesce bianco con la pelle (come occhi azzurri o dentici)

- Pane croccante, per servire

PREPARAZIONE

1. Preriscaldare il forno a 180 gradi Celsius. Con un pelapatate, sbucciate la scorza di limone, facendo attenzione a non prendere nessuna parte del midollo bianco. In una vasca, spremete il succo di limone. Applicare l'aglio, le spezie e metà dell'olio nella padella. Mettere da parte dopo il condimento.

2.In una teglia da forno, scaldare l'olio rimanente a fuoco medio-alto. 30 secondi di scorza di limone fritta Condire il pesce, quindi metterlo nella padella con la pelle rivolta verso il basso. Cuocere per 3-4 minuti a fuoco medio, fino a quando la pelle è croccante e la polpa diventa bianca lungo i bordi. Preriscalda il forno a 350 ° F e inforna la padella per 5 minuti, o fino a quando il pesce è appena cotto. Riporta la padella in un ambiente a fuoco basso, versa la miscela di erbe e riscalda. Il pesce va servito con pane croccante.

PROVENCALE KINGFISH

S

Porzioni: 4

INGREDIENTI

- 4 filetti di kingfish da 180 g con la pelle
- 1 cucchiaio e mezzo di olio d'oliva
- 2 spicchi d'aglio, tritati finemente
- La scorza grattugiata di 1 limone
- 600 g di pomodori maturati con la vite, privati dei semi, tritati
- 2 filetti di acciughe sott'olio, scolate, tritate
- 2 cucchiai di capperi, sciacquati, scolati
- 2 cucchiaini di aceto di vino rosso
- 1 cucchiaino di zucchero semolato
- 50 g di olive kalamata snocciolate

- 2 cucchiai di foglie di prezzemolo a foglia piatta
- 2 tazze di spinaci baby o rucola

PREPARAZIONE

1.Preriscaldare il forno a 350 ° F e condire il kingfish con sale e pepe.

2.In una padella a fuoco medio-alto, scalda 2 cucchiaini di olio. Cuocere per 3 minuti con la pelle rivolta verso il basso, quindi girare e cuocere per altri 3 minuti o finché il pesce non sarà cotto. Mettete su un piatto e coprite con un foglio per tenerlo al caldo mentre preparate la salsa.

3.Nella stessa padella, scaldare l'olio rimanente a fuoco basso. Incorporare l'aglio, la scorza di limone e un pizzico di sale e pepe per 2-3 minuti, o finché non saranno morbidi ma non dorati. Aggiungere il pomodoro, le acciughe, i capperi, l'aceto e lo zucchero e coprire parzialmente. Cuocere per 3-4 minuti o finché il pomodoro non si sarà ammorbidito. Aggiungere le olive e il prezzemolo e mescolare bene ..

FISHCAKES CON PISELLI

S

Porzioni: 4

INGREDIENTI

- 1 tazza di purè di patate (2 patate grandi)
- 210 g di salmone rosa, sgocciolato, pelle e lische scartate
- 210 g di tonno sott'olio, sgocciolato
- 1 cipolla piccola, tritata finemente
- 1 spicchio d'aglio, tritato finemente
- 1 cucchiaio di senape di Digione
- La scorza grattugiata di 1 limone, più spicchi da spremere

- 2 cucchiai di prezzemolo a foglia piatta tritato finemente
- 2 uova
- 125 ml di latte
- 1 tazza (150 g) di farina 00
- 200 g di pangrattato panko
- Olio di semi di girasole, per soffriggere
- 3 tazze (360 g) di piselli surgelati
- 30 g di burro non salato

PREPARAZIONE

1.In una terrina, unire la patata, il salmone, il tonno, la cipolla, l'aglio, la senape, la scorza di limone, il prezzemolo e un pizzico di sale e pepe. Formare con le mani l'impasto in 12 piccoli tronchetti, ciascuno lungo circa 6 cm. Per rassodare, raffreddare per 20 minuti.

2.In una tazza piccola, sbatti insieme le uova e il latte. Condire la farina con sale e pepe in un piatto a parte. In una ciotola a parte, posizionare il pangrattato. Per rivestire le tortine di pesce, passatele prima nella farina, poi nel composto di uova e infine nel pangrattato.

3.In una padella a fuoco medio-alto, scaldare 3 cm di olio di semi di girasole. In lotti, friggere le frittelle di pesce per 3-4 minuti, ruotandole una volta, fino a renderle croccanti e dorate.

4.Nel frattempo, lessate i piselli in acqua salata per 5 minuti, o finché sono teneri. Tornare nella padella con il burro dopo averlo scolato bene. Condire con sale e pepe, quindi schiacciare delicatamente con uno schiacciapatate.

5.Servire le tortine di pesce con metà di limone e piselli schiacciati.

MINESTRA TAILANDESE DI

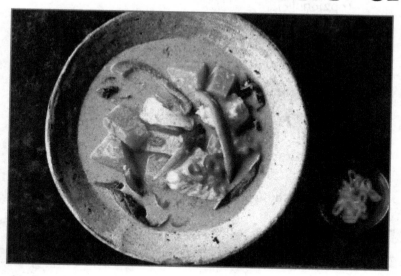

S

Porzioni: 4

INGREDIENTI

- 1 cucchiaio di olio di girasole
- 3 cucchiai di pasta di curry rosso tailandese
- 200 ml di latte di cocco leggero
- 3 tazze (750 ml) di brodo di pollo o di pesce senza sale
- 4 scaglie asiatiche (rosse), tagliate a fettine sottili
- 1 peperoncino rosso lungo, tagliato a fettine sottili

- 2 foglie di lime kaffir, finemente tritate (opzionale)
- 250 g di zucca, sbucciata, tagliata a pezzi di 2 cm
- 1 peperone verde, tagliato a listarelle
- 2 cucchiai di purea di tamarindo
- 2 cucchiai di salsa di pesce
- 1 cucchiaio di zucchero di canna
- 600 g di filetti di pesce grosso senza pelle (come occhi azzurri, molva o dentice), tagliati in pezzi di 3 cm
- 100 g di spinaci baby in foglie

PREPARAZIONE

In una casseruola, scaldare l'olio a fuoco medio-alto. Cuocere, mescolando continuamente, per 2 minuti o fino a quando non è fragrante.

2.In una ciotola grande, unisci il latte di cocco, il brodo, lo schalot, il peperoncino e le foglie di lime kaffir, se lo usi. Cuocere per 20 minuti, o fino a quando la zucca è tenera, con la zucca, il peperone, il tamarindo, la salsa di pesce, lo zucchero e un pizzico di sale.

3. Aggiungere il pesce e cuocere per 5 minuti o fino a quando non sarà opaco.

4. Versare metà degli spinaci in quattro ciotole calde con il pesce e le verdure. Cospargere gli spinaci rimanenti sopra, quindi irrorare con la salsa e servire ..

PESCE ASIATICO COTTO IN UNA FOGLIA DI BANANA

Porzioni: 2

INGREDIENTI

- 1 grande foglia di banana fresca (vedi Note)
- 800 g di dentice intero (o imperatore rosso), pulito
- 1 cucchiaio di pasta di curry rosso tailandese o pasta di laksa
- 2 cucchiai di crema di cocco (usa la crema densa dalla parte superiore di una lattina di latte di cocco)
- 2 cucchiai di zenzero finemente sminuzzato

- 8 foglie di lime kaffir, finemente sminuzzate (vedi Note)
- 2 cucchiai di rametti di coriandolo
- 1 peperoncino rosso lungo, tagliato ad angolo
- 2 tazze di riso bianco a grani medi al vapore, per servire
- VESTITO
- 3 fette di lime o limone fresco
- 2 cucchiai di salsa di pesce
- 60 ml di succo di lime
- 2 cucchiai di salsa al peperoncino dolce

PREPARAZIONE

1.Preriscaldare il forno a 180 gradi Celsius. Lavate la foglia di banana e tagliatela quanto basta per racchiudere il pesce, riservandone un po 'per servire.

2.Posizionare un quadrato di carta stagnola sulla foglia di banana leggermente più grande del pesce, quindi guarnire con il pesce. Nella sezione più spessa della carne, fai due tagli. Spalmare la pasta di curry sul pesce, quindi coprire con crema di cocco. Cospargere con zenzero e foglie di lime, quindi avvolgere il pesce nella foglia, testa e coda alle estremità opposte del "tubo" e legare con lo spago da cucina.

3.Posizionare il pacchetto in una teglia e cuocere per 40 minuti o fino a cottura completa (aprire la foglia e passare un coltello lungo la spina dorsale per controllare). È fatto quando la carne si separa rapidamente dall'osso.)

4.Nel frattempo, preparare il condimento affettando il lime a spicchi e unendolo alla salsa di pesce, al succo di lime e alla salsa al peperoncino dolce.

5.Se lo si desidera, posizionare la foglia di banana su un piatto rivestito con foglia di banana fresca. Servire con riso e un ciuffo di condimento, guarnito con coriandolo e peperoncino.

DOMENICA PESCE ARROSTO

S

Porzioni: 4

INGREDIENTI

- 1 mazzo di carote baby (olandesi), sbucciate
- 4 pastinache piccole, sbucciate e tagliate a metà
- 8 spicchi d'aglio (non pelati)
- 4 rametti di rosmarino, più rosmarino tritato extra (o prezzemolo) per servire
- 2 cucchiai di olio d'oliva
- 100 g di funghi shiitake piccoli, mondati
- 4 x 200 g di filetti di blue eye (o altro pesce bianco sodo)
- 16 cavoletti di Bruxelles (o 8 piccoli), tagliati a metà, sbollentati per 2 minuti

- 2 cucchiai di aceto balsamico (facoltativo)

PREPARAZIONE

1.Preriscaldare il forno a 200 gradi Celsius.

2.In una teglia, disporre le carote, la pastinaca, l'aglio e 4 rametti di rosmarino, quindi irrorare con 1 cucchiaio di olio e condire. Mescolare bene il tutto, quindi infornare per 20-25 minuti.

3. Aggiungere i funghi nella padella e rigirarli con 1 cucchiaio di olio. Cuocere per 15 minuti o fino a quando le verdure saranno dorate e quasi tenere, girandole una o due volte.

4. Preriscaldare una padella finemente oliata a fuoco vivo nel frattempo. Cuoci il pesce per 1-2 minuti, con la pelle rivolta verso il basso, finché non diventa dorato e croccante. Condire il pesce e metterlo con la pelle rivolta verso l'alto in una teglia. Attaccare i germogli e infornare per 6-8 minuti o fino a quando il pesce non è finito.

5.Per mangiare, gettare il rosmarino cotto e dividere il pesce, le verdure e l'aglio tra i piatti caldi. Se necessario, condire con aceto balsamico e guarnire con rosmarino o prezzemolo tritati. L'aglio dovrebbe essere caldo e pronto per essere spremuto nei succhi del piatto.

TAGINE DI PESCI E GAMBERETTI CON LE ALBICOCCHE

Porzioni: 4

INGREDIENTI

- 100 g di albicocche secche
- 400 g di pomodorini
- 1 cucchiaino di cumino macinato
- 1/2 cucchiaino ogni curcuma e paprika
- 2 penne alla cannella
- 600 g di mahi mahi o filetti di pesce spada senza pelle, tagliati a cubetti di 2-3 cm
- 8 gamberi verdi, pelati (code intatte), sgusciati
- 1 tazza (200 g) di cuscus

- 2 cucchiai di foglie di prezzemolo a foglia piatta
- 4 spicchi di limone

PREPARAZIONE

1.Per immergere le albicocche, metterle in una piccola ciotola, coprire con 200 ml di acqua bollente e mettere da parte per 30 minuti.

2.Preriscaldare una padella a fuoco medio e aggiungere i pomodori. Ora è possibile aggiungere cumino, curcuma, paprika e cannella. Condire a piacere. Mescolare le albicocche e il loro liquido di ammollo, quindi portare a ebollizione a fuoco medio-alto.

3. Aggiungere il pesce e i gamberi e cuocere per 5-10 minuti a fuoco medio, fino a quando il brodo non è cremoso e il pesce e i gamberi sono cotti.

4.Nel frattempo, versa 250 ml di acqua bollente sul cuscus in una vasca. Coprite e mettete da parte per 5 minuti, quindi pelate con una forchetta e condite con sale e pepe a piacere.

5. Versare il pesce e la zuppa nelle ciotole, guarnire con cuscus e prezzemolo e guarnire con spicchi di limone.

SEAFOOD ESPETADA (SPIEDINI PORTOGHESI)

Porzioni: 4

INGREDIENTI

- 2 spicchi d'aglio, tritati finemente
- 2 peperoncini rossi lunghi, privati dei semi, tritati finemente
- 2 cucchiaini di zenzero macinato
- 3 cucchiaini di paprika dolce
- 2 cucchiaini di origano essiccato
- 80 ml di olio d'oliva, più una quantità extra per spennellare
- 4 lime, tagliate a spicchi
- 24 gamberi, pelati (code intatte), sgusciati

- Tubetti di calamari da 300 g, tagliati a listarelle di 3 cm
- 400 g di filetti di pesce spada, tagliati a pezzi di 3 cm
- 4 pannocchie di mais
- Foglie di prezzemolo a foglia piatta, per servire

PREPARAZIONE

1.Preriscaldare una griglia o una griglia a fuoco alto.

2.Per fare la marinata, unire l'aglio, il peperoncino, lo zenzero, la paprika, l'origano e l'olio in una terrina e condire con sale e pepe.

3.Per fare gli spiedini, infilare 1 spicchio di lime, 1 gambero, 1 fetta di calamaro e 1 pezzo di pesce spada su uno spiedino e ripetere. Ripetere con il resto degli spiedini, quindi coprire con la marinata.

4.Spazzolare il mais con olio e cuocerlo alla griglia per 10 minuti, girandolo periodicamente, fino a quando non si sarà ammorbidito.

5. Mettilo da parte. Spennellare la griglia con olio e cuocere gli spiedini in lotti per 2-3 minuti su ciascun lato, o fino al termine.

6. Affettate la pannocchia e servite con gli spiedini guarniti con prezzemolo.

HOMESTYLE FISHCAKES CON TARTARE DI CAPPERI

Porzioni: 8

INGREDIENTI

- 250 g di filetto di merluzzo affumicato
- 250 g di purè di patate (circa 1 tazza)
- 1 cipolla grattugiata
- 1 spicchio d'aglio, schiacciato
- 2 cucchiai di capperi salati, sciacquati, più 1 cucchiaio extra per friggere
- 2 cucchiai di prezzemolo a foglia piatta tritato, più 6 rametti da friggere
- 2 uova sode, tritate finemente
- Un pizzico di pepe di Caienna e noce moscata

- 2 cucchiai di farina 00, condita
- 1 uovo sbattuto con 2 cucchiai di latte
- 2 tazze (140 g) di pangrattato fresco
- Olio di semi di girasole, per soffriggere
- CAPER TARTARE
- 2 cucchiai di capperi sotto sale, sciacquati
- 1 cucchiaio di cetriolini (piccoli cetrioli sottaceto), tritati finemente
- 6 foglie di dragoncello o prezzemolo tritate
- 1 cucchiaino di senape di Digione
- 2 cucchiaini di succo di limone, più spicchi per servire
- 1/2 tazza (140 ml) di crema pasticcera

PREPARAZIONE

1.Posizionare il pesce in una padella con acqua sufficiente per coprirlo. Cuocere per 5 minuti a fuoco medio o finché la polpa non si sfalda facilmente. Scolare il pesce e sbucciare la polpa, eliminando la pelle e le lische. Unisci patate, cipolla, aglio, capperi, prezzemolo, uovo e spezie in una terrina. Condire con sale e pepe, quindi formare 8 tortine di pesce.

2.In tre padelle basse, unire la farina condita, l'uovo sbattuto e il pangrattato. Le tortine di pesce dovrebbero essere prima infarinate, poi immerse nell'uovo e infine ricoperte di briciole. Per rassodare, mettere su un piatto e lasciare raffreddare per 30 minuti.

3.Per fare la tartare, unire tutti gli ingredienti in una terrina e condire con sale e pepe. Mettete in frigorifero fino a quando richiesto.

In una padella, scaldare 3 cm di olio a fuoco medio-alto. I capperi extra e i rametti di prezzemolo devono essere fritti separatamente per 30 secondi o fino a quando diventano croccanti, quindi scolati su carta assorbente.

5.Cuocere le tortine di pesce in due volte per 2-3 minuti su ciascun lato fino a quando non diventano dorate. Servire con tartare e spicchi di limone, capperi fritti e prezzemolo a parte ..

PESCE IN CROSTA DI MACADAMIA CON INSALATA DI ERBE

Porzioni: 4

INGREDIENTI

- 2 tazze (300 g) di macadamia non salata
- 1 spicchio d'aglio tritato
- La scorza grattugiata e il succo di 1 limone, più gli spicchi per servire
- 2 cucchiai di olio extravergine di oliva
- 1/2 mazzetto di prezzemolo a foglia piatta e erba cipollina

- 4 filetti di barramundi senza pelle da 160 g
- 50 g di foglie di insalata mista, per servire

PREPARAZIONE

1.Preriscaldare il forno a 200 ° C e rivestire una teglia con carta da forno.

2.In un piccolo robot da cucina, sbatti le noci, l'aglio, la scorza, metà del succo e 1 cucchiaio di olio fino a ottenere una pasta grossolana. Condire e trasferire in una tazza. 2 cucchiai di prezzemolo, 2 cucchiai di erba cipollina, tritata finemente

3.Posizionare il pesce sulla teglia e guarnire con la miscela di noci. Cuocere per 15-20 minuti, o fino a quando il pesce non sarà opaco e la crosta sarà dorata.

4. Raccogliere le foglie di prezzemolo rimanenti e tagliare a metà l'erba cipollina. Unisci le foglie di insalata, l'olio rimanente e il succo di limone in una terrina. Condite a piacere, poi servite con spicchi di limone e pesce.

KINGFISH IN PADELLA CON CAVOLO E PANCETTA AFFUMICATA

Porzioni: 4

INGREDIENTI

- 25 g di burro non salato
- 60 ml di olio d'oliva
- 4 fette di pancetta, tritate
- 60 ml di vino bianco secco
- 375 ml di brodo di pollo, riscaldato
- 1/4 di verza grande, finemente tritata
- 2 rametti di timo, più un extra per guarnire
- 4 filetti di kingfish senza pelle da 150 g
- Purè di patate, per servire

PREPARAZIONE

1.In una padella a fuoco medio-alto, sciogliere il burro con 1 cucchiaio di olio. 5-6 minuti, mescolando regolarmente, finché la pancetta non sarà leggermente dorata. Cuocere a fuoco lento per 2-3 minuti dopo aver aggiunto il vino e il brodo, quindi aggiungere il cavolo cappuccio e il timo. Cuocere, coperto, per 8-10 minuti o finché le verdure sono tenere. È quel periodo dell'anno.

2.In una padella a parte, scaldare i restanti 2 cucchiai di olio. Condire il pesce con sale e pepe e cuocere per 2-3 minuti su ciascun lato o fino a cottura completa. Servire con purè di patate e cavolo cappuccio. Servire con timo come guarnizione.

PESCE MARINATO ALLO YOGURT CON ZUCCHINE

Porzioni: 4

INGREDIENTI

- 500 g di yogurt alla greca denso
- 1/2 mazzetto di menta, foglie raccolte, tritate grossolanamente
- 1 cucchiaino di fiocchi di peperoncino essiccato
- La scorza grattugiata fine di 1 limone e il succo di 2 limoni, più spicchi extra per servire
- 4 x 200 g di filetti di pesce bianco senza pelle e sodi (come l'occhio azzurro)

- 2-3 zucchine lunghe, tagliate in nastri di 2 mm di spessore (l'ideale è una mandolina o un pelapatate)
- 2 cucchiai di olio d'oliva
- Prezzemolo a foglia piatta tritato grossolanamente, per servire

PREPARAZIONE

1.In una tazza piccola per robot da cucina, mescolare lo yogurt, la menta, i fiocchi di peperoncino, la scorza di limone e il succo e frullare fino a ottenere un composto omogeneo. È quel periodo dell'anno.

2.In una ciotola di vetro poco profonda, posizionare i filetti di pesce. Versare metà della marinata allo yogurt sul pesce e spalmare con il dorso di un cucchiaio. Mettete in frigorifero per 10 minuti dopo aver coperto la pirofila con pellicola trasparente.

3.Per ammorbidire le fette di zucchine, aggiustare di sale e mettere da parte per 1-2 minuti.

4. Togliere uno dei filetti di pesce dalla marinata. Metti 6-8 fette di zucchine sopra il pesce, leggermente sovrapposte, e rimbocca le estremità sotto. Rep con le rimanenti zucchine e filetti di pesce.

5.Preriscaldare il forno a 200 gradi Celsius.

6.Taglia quattro rettangoli di carta da forno da 30 cm x 40 cm. Piega a metà uno dei rettangoli. Un pezzo di pesce dovrebbe essere messo al centro lungo la piega quando il sacchetto è aperto. Cospargere 1 cucchiaio di olio d'oliva sul pesce e 1 cucchiaio di marinata. È quel periodo dell'anno. Piega la carta a metà sul pesce e ritaglia i bordi aperti a semicerchio con le forbici. Per chiudere saldamente, piegare a intervalli di 1 cm-2 cm, creando pieghe decise. Per fissare le estremità, torcerle insieme e metterle su una teglia. Ripeti con il resto del pesce e della carta.

7.Cuocere per 8-10 minuti, o fino a quando saranno dorati e gonfi. Lasciar riposare i fagottini per 2-3 minuti dopo aver tolto la teglia dal forno.

8. Assemblare i pacchi sui piatti da portata. Tagliate con cura il pesce con le forbici, poi cospargetelo di prezzemolo e servite con spicchi di limone.

MINI TORTE DI PESCE

Porzioni: 4

INGREDIENTI

- 1 tazza (250 ml) di vino bianco
- 1 cucchiaio di aneto tritato finemente, i gambi riservati
- 1 cucchiaio di dragoncello tritato finemente, i gambi riservati
- 1 cucchiaio di prezzemolo a foglia piatta tritato finemente, i gambi messi da parte
- 1 porro, tagliato a fettine sottili
- 3 scaglie, tagliate a fettine sottili
- 250 g di filetto di salmone senza pelle, tagliato a pezzi di 4 cm.

68

- 250 g di gamberi verdi, pelati, sgusciati
- 8 capesante, private delle uova, tagliate a metà
- 25 g di farina 00
- 250 g di burro non salato, ammorbidito
- 300 ml di panna pura (sottile)
- 1 kg di patate King Edward, sbucciate e tritate
- 100 ml di latte
- 2 tuorli d'uovo
- Foglie di insalata, per servire

PREPARAZIONE

1.Preriscaldare il forno a 180 gradi Celsius.

2.In una padella grande a fuoco medio, mescola il vino e 1 tazza (250 ml) di acqua. 1 cucchiaino di pepe nero macinato grossolanamente, gambi di erbe, porro e eschalot Portare a ebollizione bassa, quindi ridurre a fuoco basso e cuocere per 2 minuti o finché i sapori non si saranno infusi.

3. Aggiungere il salmone e cuocere per 2 minuti girando a metà. Cuocere per un altro minuto, o fino a quando i gamberi e le capesante iniziano a cambiare colore. Usando una schiumarola, rimuovere i frutti di mare e metterli in una tazza pulita. Elimina dall'equazione.

4. Unire la farina e 25 g di burro in una tazza piccola. Riporta il brodo a fuoco medio-basso dopo aver rimosso i gambi delle erbe dalla padella. Portare a fuoco lento, quindi aggiungere 1 cucchiaio della miscela di burro alla volta, mescolando per unire a ogni aggiunta. Condire con sale e pepe e cuocere, mescolando continuamente, per 3

minuti, o fino a quando la salsa non si sarà addensata. Cuocere per altri 2 minuti dopo aver aggiunto il latte. Attendi il tempo per il raffreddamento.

5.In una grande casseruola di acqua fredda e salata, posizionare la patata. Portare a ebollizione, quindi ridurre a fuoco basso e cuocere per 12-15 minuti, o finché le patate non saranno tenere. Scolare e passare attraverso uno schiacciapatate o schiacciarle con uno schiacciapatate fino a che liscio. Mescolare i restanti 225 g di burro finché la patata è ancora dolce. Condite con sale e pepe e mettete da parte il latte ei tuorli.

6.In una pirofila da 350 ml, unire i frutti di mare e le erbe tritate nella salsa raffreddata. Cuocere per 15-20 minuti, finché la patata non bolle e diventa dorata. Sfornare la pirofila e guarnire con foglie di insalata.

LINGUINI AL NERO DI CALAMARI AL LIMONE CONSERVATO E SCALOPPIO

Porzioni: 2

INGREDIENTI

- 200 g di nero di seppia o linguine normali
- 2 cucchiai di olio d'oliva
- 10 capesante, private delle uova
- 2 spicchi d'aglio, tagliati a fettine sottili
- 1 peperoncino rosso lungo, privati dei semi, affettato sottilmente
- 1 tazza (250 ml) di vino bianco secco
- 20 g di burro non salato

- 1/4 di limone conservato, privato del midollo e della polpa, scorza tagliata a fettine sottili

PREPARAZIONE

1.Cuocere la pasta secondo le indicazioni sulla confezione in un'ampia casseruola di acqua bollente leggermente salata. Scolare l'acqua.

2.In un'ampia padella, scaldare 1 cucchiaio di olio a fuoco alto. Condire le capesante con sale e pepe, quindi cuocere per 1 minuto su ciascun lato o fino a doratura e cottura. Rimuovi l'oggetto e mettilo da parte. 1 cucchiaio di olio rimasto nella padella, quindi cuocere l'aglio e il peperoncino, mescolando continuamente, per 1 minuto o fino a doratura. Alzare la fiamma al massimo e cuocere per 5 minuti o finché il liquido non sarà evaporato. Togliere la padella dal fuoco e incorporare la cotenna.

3.Riportare la padella a fuoco medio e aggiungere la pasta. Mescolare le capesante dopo averle mescolate delicatamente. Condire a piacere e servire ..

CAPESANTE SALTATE CON CONDIMENTO AL JALAPEÑO

Porzioni: 4

INGREDIENTI

- 1 peperoncino jalapeño fresco, privato dei semi, tritato finemente
- 1/2 cipolla rossa piccola, tritata finemente
- 1 cucchiaio di olio di vinaccioli
- 1 cucchiaino di olio extravergine d'oliva
- 60 ml di succo di limone o lime
- 12 capesante sul semiguscio, rimosse le uova di arancia
- 2 cucchiai di olio d'oliva

- 10 g di burro non salato
- CONDIMENTO JALAPEÑO (PER 100ML)
- 4 peperoncini jalapeño piccoli (50 g), privati dei semi, tritati grossolanamente
- 1 spicchio d'aglio piccolo, tritato
- 2 1/2 cucchiai (50 ml) di aceto di riso
- 2 1/2 cucchiai (50 ml) di olio d'oliva

PREPARAZIONE

1.In una terrina, unisci il jalapeo, la cipolla, l'olio di vinaccioli, l'olio extravergine di oliva, il succo di limone e 1/2 cucchiaino di sale. Metti da parte la salsa jalapeo.

2.Per preparare il condimento jalapeo, frullare il jalapeo, l'aglio, l'aceto e 1 1/2 cucchiaino di sale in un frullatore a immersione fino a che liscio. Incorporare gradualmente l'olio d'oliva al composto, quindi filtrare al setaccio. Metti da parte il condimento.

3.Togliere le capesante dai gusci e metterle da parte. I gusci di capesante devono essere puliti e asciugati con un tovagliolo di carta.

4. In una padella larga, scaldare l'olio a fuoco alto. Con sale e pepe condite le capesante. Cuocere le capesante per 1 minuto e mezzo per mano, o fino a quando diventano dorate e traslucide al centro. Per glassare le capesante, applicare il burro per gli ultimi 30 secondi di cottura.

5.Per servire, dividere il condimento jalapeo tra i gusci di capesante, guarnire ciascuno con una capesante e finire con la salsa ..

CAPPOTTO E TOFU SETA CON SOIA E WASABI BURRO

Porzioni: 4

INGREDIENTI

- 8 capesante nel mezzo guscio, private delle uova
- 300 g di tofu compatto e setoso, sgocciolato
- 100 g di burro non salato
- 3 spicchi d'aglio, tritati finemente
- 1 cucchiaino di pasta di wasabi
- 1 cucchiaino di zucchero semolato
- 2 cucchiai di salsa di soia
- 1 cestello di senape crescione

PREPARAZIONE

1.Preriscaldare il forno a 160 gradi Celsius. Le capesante e il tofu devono essere tagliati a cubetti di dimensioni uguali. I gusci di capesante devono essere messi su un 2. In una casseruola, sciogliere il burro a fuoco medio-alto per 2 minuti e mezzo o fino a doratura. Togliete dal fuoco e mettete da parte per far raffreddare leggermente. Sbatti insieme l'aglio, il wasabi, lo zucchero e la salsa di soia.

3.Preriscaldare il forno a 400 ° F per 4 minuti o finché le capesante e il tofu non saranno caldi. Per mangiare condire con salsa e guarnire con crescione di senape.

MATT MORAN'S CAPESTA HERVEY BAY ALLA GRIGLIA CON CONDIMENTO DI TOGARASHI E SCIROPPO DI PEPERONCINO

Porzioni: 4

INGREDIENTI

- 1/2 cucchiaino di farina di mais
- 55 g di zucchero semolato
- 1 peperoncino rosso lungo, privati dei semi, tritato finemente
- 80 ml di aceto di riso
- 1 cucchiaino di zenzero grattugiato

- 2 pizzichi di shichimi togarashi (miscela di spezie giapponesi di sale, peperoncino, pepe nero, semi di sesamo, buccia d'arancia essiccata, semi di papavero e nori)
- 16 capesante di Hervey Bay, rimosse le uova
- 1 cucchiaio di olio d'oliva
- Micro crescione, per servire

PREPARAZIONE

1.In una terrina, unire la farina di mais e 2 cucchiaini di acqua fredda. Elimina dall'equazione.

2. In una piccola casseruola a fuoco medio, unire lo zucchero, il peperoncino e 2 cucchiai di acqua. Portare a ebollizione, quindi ridurre a fiamma bassa e cuocere per 1 minuto. Cuocere per 1 minuto in più, o fino a quando non si sarà leggermente addensato, dopo aver aggiunto la miscela di farina di mais. Togli la padella dal fuoco e aggiungi l'aceto, lo zenzero e il togarashi. Lasciar raffreddare prima di servire.

3.In una padella larga, scaldare l'olio a fuoco alto. Condire le capesante con sale e pepe dopo averle saltate nell'olio. Scottare le capesante in lotti per 30 secondi su ciascun lato o fino a quando non saranno caramellate ma opache al centro.

4.Servire spruzzando togarashi e sciroppo al peperoncino sulle capesante e spargendo sopra del micro crescione.

CAPPOTE SCOTTATE CON CREMA FRAICHE E WASABI

Porzioni: 4

INGREDIENTI

- 60 g di crema pasticcera
- 1 cucchiaio di erba cipollina tritata finemente
- 1 cucchiaio di aneto tritato finemente
- La scorza di 1 lime finemente grattugiata
- 2 cucchiaini di aceto di riso
- 2 cucchiai di olio di arachidi o di girasole, più un extra per spennellare
- 2 cucchiai di tamari
- 20 capesante, private delle uova

- 1/4 di tazza (25 g) di piselli wasabi, leggermente schiacciati
- Micro erbe, per servire

PREPARAZIONE

1.Unisci la panna fresca, l'erba cipollina, l'aneto, la scorza di lime e l'aceto di riso in una terrina. Condite con sale e pepe e mettete da parte.

2. Unisci l'olio e il tamari in una terrina. Elimina dall'equazione. Preriscalda una padella a fuoco alto. Condire le capesante con sale e pepe dopo averle spennellate con olio. Cuocere le capesante in lotti per 30 secondi su ciascun lato o fino a quando diventano dorate ma ancora traslucide al centro.

3.Per servire, mettere una cucchiaiata di creme fraiche su ogni piatto da portata e guarnire con le capesante. Condire con il condimento al tamari, quindi aggiungere i piselli al wasabi e le micro erbe per finire.

SCALOPE TARTARE

S

Porzioni: 4

INGREDIENTI

- La scorza di 1/2 limone finemente grattugiata
- 1 cucchiaio di aceto di vino di riso
- 2 cucchiaini di salsa di soia
- 1 cucchiaino ogni salsa di pesce e olio di sesamo
- 2 cucchiai di olio di girasole
- 8 capesante grandi, tagliate a fettine sottili orizzontalmente
- La scorza di 1 lime finemente grattugiata
- Erbe miste, per servire

PREPARAZIONE

1.Preriscaldare il forno a 100 gradi Celsius. Su una teglia, spargere la scorza e 1 cucchiaio di sale marino, quindi arrostire per 12-15 minuti, mescolando 2-3 volte, fino a quando non si asciuga. Per rendere una polvere grossolana, passare a un mortaio e un pestello.

2.In una terrina, unisci l'aceto, la salsa di soia, la salsa di pesce e gli oli. Elimina dall'equazione.

3.Assemblare le capesante sulle ciotole. Condire con la salsa di soia dopo aver applicato la scorza di lime e un pizzico di sale marino al limone. Cospargere di spezie, condire con sale e pepe e servire.

CEVICHE PUNTATE DI TEQUILA

Porzioni: 4

INGREDIENTI

- 1/4 di baguette, affettata sottilmente
- 60 ml di olio extravergine di oliva, più una quantità extra per spennellare
- 12 capesante grandi, private delle uova, tagliate a pezzi di 1 cm
- 60 ml di tequila
- 60 ml di succo di lime
- 1/2 cipolla rossa, tritata finemente

- 1 pomodoro, privati dei semi, tritato grossolanamente
- 1 peperoncino rosso lungo, privati dei semi, tritato finemente
- 1 cetriolo libanese, privati dei semi, tritato grossolanamente
- 1/2 mazzetto di coriandolo, le foglie tritate grossolanamente

PREPARAZIONE

1.Preriscaldare il forno a 170 gradi Celsius. Spennellate le fette di baguette con olio, quindi adagiatele su una teglia e infornate finché non saranno dorate e croccanti, circa 10-12 minuti. Lasciar raffreddare prima di servire.

2.Nel frattempo, gettare le capesante in una ciotola con la tequila e il succo di lime. Attendere 10 minuti affinché l'acido del succo di lime "scaldi" le capesante. Scolare il liquido, riservando 2 cucchiaini.

3.In una terrina, mescola delicatamente le capesante, la salsa riservata, la cipolla, il pomodoro, il peperoncino, il cetriolo, il coriandolo e il restante 60 ml di olio d'oliva per amalgamare. Con i toast, servire.

TEQUILA SCALLOP CEVICHE

S

Porzioni: 4

INGREDIENTI

- Succo di 4 lime
- 1 peperoncino verde lungo, privati dei semi, tritato finemente
- 1 cucchiaino di salsa di pesce
- 2 cucchiai e mezzo di zucchero di canna
- 1 cetriolo libanese, privati dei semi, tritato finemente
- 2 cucchiai di tequila
- 16 capesante, private delle uova, tagliate a rondelle sottili
- 2 scaglie, tritate finemente

- 2 pomodori, privati dei semi, tritati finemente
- 1/2 avocado, tritato finemente
- Micro coriandolo o micro crescione (vedi note), per servire

PREPARAZIONE

1.In un robot da cucina, sbatti il succo di lime, il peperoncino, la salsa di pesce, lo zucchero, un quarto del cetriolo e 1 cucchiaino di sale fino a che liscio. Condire con sale e pepe dopo aver frullato nella tequila. Copri e lascia raffreddare per 30 minuti affinché i sapori si infondano, quindi trasferisci in una ciotola non reattiva con la capesante e lo schalot.

2.Assemblare il ceviche sui piatti da portata. Servire con il restante cetriolo, cipolla, avocado e micro erbe in cima.

CAPPUCCIO CARAMELLATO MIANG (FOGLIE DI BETEL)

Porzioni: 20

INGREDIENTI

- 50 g di cocco grattugiato, tostato
- 1/2 tazza (75 g) di arachidi tostate, schiacciate
- 2 cucchiai di pasta di peperoncino o marmellata di peperoncino (vedi note)
- 1 cucchiaio e mezzo di salsa di pesce
- 2 cucchiai di zucchero di palma o zucchero di canna
- 75 g di salsa al peperoncino dolce
- 2 cucchiai di succo di lime

- Olio di arachidi o olio di crusca di riso, per spennellare
- 20 capesante, private delle uova
- 20 foglie di betel (vedi note)
- Scalogno asiatico fritto (vedi note), foglie di coriandolo e foglie di lime kaffir finemente tritate, per servire

PREPARAZIONE

1) Capesante caramellate al Miang (foglie di betel). Panna cotta con lime e cocco a destra.

2.Scaldare una padella larga a fuoco medio-alto e spennellarla con un filo d'olio. Condire le capesante con sale e cuocere in lotti per 30 secondi su ogni lato, o fino a quando saranno dorate e caramellate all'esterno ma ancora opache al centro - aggiungere un po 'più di olio se necessario.

3.Posizionare 1 cucchiaino colmo di salsa al peperoncino su ogni foglia di betel, guarnire con una capesante e finire con scalogno asiatico fritto, coriandolo e una foglia di lime kaffir. Servite subito.

CROSTATE DI CAPPUCCIO CON PUREA DI CAROTA E CARDAMOMO

Porzioni: 24

INGREDIENTI

- 3 carote, tritate
- 80 ml di succo d'arancia fresco
- Un pizzico di fili di zafferano
- 6 baccelli di cardamomo, leggermente ammaccati
- 50 g di burro non salato
- 100 g di yogurt alla greca denso
- Scorza e succo di 1 limone

- 1/4 di tazza di semi di sesamo e nigella
- 2 cucchiai di burro chiarificato
- 24 capesante (senza uova)
- Gusci di crostata precotti 24 x 4 cm
- Rametti di coriandolo, per guarnire

PREPARAZIONE

1.In una casseruola, mescola le carote, il succo d'arancia, lo zafferano e il cardamomo con acqua sufficiente per coprire. Portare a ebollizione, quindi ridurre a fuoco basso e continuare a cuocere per altri 25-30 minuti, o finché le carote non saranno tenere. I baccelli di cardamomo devono essere scolati e scartati. Lasciar raffreddare leggermente le carote prima di unirle con burro, sale e pepe in un robot da cucina. Ritorna nella padella dopo aver sfrigolato per formare una purea liscia. Tieniti bagnato.

2.In una piccola terrina, aggiungi lo yogurt e il succo di limone. Condire con sale e pepe a piacere, quindi raffreddare fino a quando non sarà necessario.

3.In una terrina, unisci i semi. Elimina dall'equazione.

4.In una padella a fuoco medio-alto, sciogliere il burro chiarificato. Condire le capesante su entrambi i lati con sale e pepe, quindi cuocere in lotti per 30 secondi su ciascun lato o finché non iniziano a cambiare colore. In una grande ciotola, mescola le capesante calde con la miscela di semi.

5. Versare un cucchiaino colmo di purea in ogni guscio di torta, guarnire con una capesante e un filo di salsa allo yogurt e finire con rametti di coriandolo e scorza.

CAPPOTE SCOTTATE CON POLVERE DI PANCETTA E AVOCADO SCHIACCIATO SU TOAST

Porzioni: 4

INGREDIENTI

- 3 fette di pancetta
- 1 cucchiaino di semi di coriandolo, tostati
- 2 peperoncini rossi lunghi, privati dei semi
- 2 avocado
- 1/4 cipolla rossa, tritata finemente
- 1 pomodoro, privati dei semi, tritati
- 1/2 mazzetto di coriandolo, foglie tritate

- 1 cucchiaio di succo di lime, più spicchi per servire
- 1 cucchiaio di olio d'oliva
- 12 capesante senza uova
- 4 fette di pane a lievitazione naturale, tostato
- Micro erbe o piccole foglie di coriandolo, per servire

PREPARAZIONE

1.Preriscaldare il forno a 190 ° C e rivestire una teglia con carta da forno. Metti la pancetta su una teglia e inforna per 15-20 minuti o finché non diventa croccante e asciutto. Lasciar raffreddare su un piatto rivestito di carta assorbente. In un piccolo processore, mescolare la pancetta ei semi di coriandolo e frullare fino a macinarli finemente (in alternativa, tritarli molto finemente).

2.Affettare finemente 1 peperoncino e metterlo da parte per guarnire, quindi tritare finemente il peperoncino rimanente e unirlo con avocado, cipolla, pomodoro, foglie di coriandolo e succo di lime in un mortaio o in una ciotola grande. Usando un pestello o una forchetta, schiaccia fino a ottenere una pasta grossolana.

3.In una padella grande, scaldare l'olio a fuoco alto. Cuocere per 30 secondi su ogni lato o fino a quando non saranno opachi, condendo le capesante secondo necessità. Tosta il pane e spalma il composto di avocado. 3 capesante sopra ciascuna, seguite dalla polvere di pancetta, dal peperoncino affettato e dalle erbe aromatiche. E spicchi di lime sul lato.

PALPE CARAMELLATE CON BARBABIETOLA, NOCI E

Porzioni: 4

INGREDIENTI

- 1 mazzetto di barbabietola rossa, strofinata
- 1 mela verde, tagliata in quarti, senza torsolo
- 2 witlof rosso (indivia belga), foglie separate
- 100 g di foglie di rucola selvatica
- 8-12 capesante, pulite
- 1 cucchiaio di olio d'oliva
- 2 cucchiai di noci tritate grossolanamente, tostate
- VESTITO

- 60 ml di olio d'oliva o di noci (vedi Note)
- 2 cucchiai di aceto di vino rosso
- 1 cucchiaio di miele
- 1 cucchiaino di senape di Digione

PREPARAZIONE

1.Preriscaldare il forno a 180 gradi Celsius.

2.Posizionare la barbabietola su un grande foglio di carta stagnola e piegarla a metà per formare un pacco. Cuocere per 1 ora o finché le barbabietole non saranno morbide. Dopo che la barbabietola si è raffreddata, sbucciarla e tagliarla a spicchi.

3.Per preparare il condimento, sbatti insieme l'olio d'oliva o di noci, l'aceto, il miele e la senape in una terrina, condisci con sale e pepe e diluisci con un goccio d'acqua. Affettate sottilmente la mela e saltatela con lo spirito e la rucola nel condimento. Metti da parte mentre finisci di preparare le capesante.

In una padella asciutta, scaldare l'olio a fuoco medio. Condire le capesante con sale marino e pepe nero appena macinato dopo averle spennellate con olio. Scottare le capesante in lotti per 30 secondi su ciascun lato o fino a caramellarle all'esterno ma opache al centro.

5. Versare l'insalata tra i piatti, quindi aggiungere le capesante, le barbabietole e le noci. Condire con il condimento rimanente e servire.

CAPPOTE SCOTTATE CON CHORIZO E CAPSICO ARROSTO

Porzioni: 8

INGREDIENTI

- 3 peperoni rossi
- 2 pomodori maturi
- 125 ml di olio d'oliva
- 4 scaglie, tritate finemente
- 4 spicchi d'aglio, tritati finemente
- 2 chorizos (circa 250 g), pelati e tritati finemente
- 2 cucchiai di prezzemolo a foglia piatta tritato

96

- 16 grosse capesante sul mezzo guscio, rimosse le uova di arancia
- 1/2 cucchiaino di paprika affumicata (pimenton)

PREPARAZIONE

Preriscalda il forno a 200 gradi Celsius. Cuocere per 25-30 minuti, ruotando una volta, fino a quando le bucce sono carbonizzate e la polpa è morbida, su una teglia. Sfornate e mettete a raffreddare in un sacchetto di plastica. Taglia nel frattempo una piccola croce alla base di ogni pomodoro. Sbollentare per 20 secondi in una grande casseruola di acqua bollente, quindi immergerli in acqua ghiacciata per 30 secondi. Eliminate i semi e tagliate finemente la polpa dopo averla sbucciata. Elimina dall'equazione.

Rompi i peperoni in una ciotola finché non si sono raffreddati abbastanza da poterli maneggiare per raccogliere tutti i succhi. Rimuovere e scartare la buccia e i semi, quindi tritare finemente gli ingredienti rimanenti. Metti da parte il peperone tritato nel boccale.

5. In una padella di medie dimensioni, scaldare 100 ml di olio d'oliva. Cuocere, mescolando regolarmente, per 5 minuti, o fino a quando gli scampi e l'aglio sono morbidi e il chorizo è dorato, finché gli scialbi e l'aglio sono morbidi e il chorizo è dorato. Cuocere a fuoco lento per 3-5 minuti, finché parte dell'umidità in eccesso non sarà evaporata e la salsa sarà densa ma non asciutta, dopodiché aggiungere la miscela di pomodori e peperoni. Condite con sale e pepe dopo aver aggiunto il prezzemolo

tritato. Mentre aspetti che le capesante si cuociano, tienile al caldo.

6. Mettere da parte le capesante dopo averle separate dal guscio. Mettere da parte dopo aver lavato i gusci e asciugarli tamponandoli con della carta assorbente.

7.In una grande padella antiaderente, scalda 2 cucchiaini di olio a fuoco alto. Condire le capesante con sale e pepe su entrambi i lati. Cuocere le capesante per 1 minuto per mano, o fino a doratura ma ancora traslucida al centro, in due volte. Utilizzando l'olio rimanente e le capesante, ripetere il processo.

8. Versare le capesante sopra il chorizo e la salsa di peperoni e dividerle tra i gusci. Servire subito ..

CAPESANTE CON PANE, PISELLI E PROSCIUTTO

Porzioni: 6

INGREDIENTI

- 2 cucchiai di prezzemolo a foglia piatta tritato
- 2 spicchi d'aglio, tritati finemente
- 4 fette di prosciutto, tritate
- Un pizzico di peperoncino
- 1 tazza (70 g) di pangrattato a lievitazione naturale
- 60 ml di olio extravergine di oliva
- 24 capesante sul mezzo guscio, private delle uova
- 2 tazze (240 g) di piselli surgelati

- 1/2 tazza (40 g) di parmigiano grattugiato finemente
- 2 cucchiai di vino bianco secco

PREPARAZIONE

1.Pulse prezzemolo, aglio, prosciutto, peperoncino e pangrattato insieme in un mini processore. Condire con sale e pepe, quindi frullare fino a quando non è appena amalgamato. Metti le capesante su una teglia con il guscio.

2.Impostare la griglia a fuoco medio-alto.

3. Sbollentare i piselli per 2 minuti in acqua bollente salata. Scolare l'acqua. Condire e condire con il parmigiano. Tieniti bagnato.

4. Versa il vino sulle capesante e griglia per 1-2 minuti, o finché le briciole non sono dorate e le capesante sono solo fritte. Servire su un piatto da portata con i piselli sparsi sopra.

CAPESANTE AL MANGO FRESCO E SALSA ALLO ZAFFERANO

Porzioni: 6

INGREDIENTI

- 2 manghi maturi
- 2 cetrioli libanesi
- 1 lime, spremuto
- 5 ml (1 cucchiaino) di aceto di vino bianco
- 40 ml (2 cucchiai) di olio d'oliva, più una quantità extra per spennellare
- 1 cucchiaio di coriandolo fresco tritato

- 300 ml di vino bianco
- 300 ml di panna addensata
- 1 cucchiaino di zafferano in fili
- 36 capesante grandi con le uova, pulite

PREPARAZIONE

1.Affettare la polpa dei manghi in lunghe scaglie dopo averli sbucciati. Elimina dall'equazione.

2.Le fette di cetriolo possono essere affettate sottilmente usando un pelapatate. Unisci il succo di lime, l'aceto, l'olio e il coriandolo in una terrina.

3.In una piccola casseruola, unire il vino, il latte e lo zafferano e cuocere per 5-6 minuti o finché non si saranno addensati. Elimina dall'equazione.

4.Posizionare tre capesante su ogni spiedino e irrorare con olio d'oliva. Sale e pepe a piacere. Cuocere le capesante per 1 minuto su ogni lato in una padella antiaderente a fuoco alto fino a quando non saranno opache. Servire con crema allo zafferano e due spiedini di mango e cetriolo su ogni piatto.

CAPESANTE AL VAPORE CON VERDURE CINESI SALATE

Porzioni: 6

INGREDIENTI

- 1/2 cucchiaino di olio di sesamo
- 1 cucchiaio di olio di arachidi
- 1 cucchiaio di zenzero grattugiato
- 2 spicchi d'aglio, tritati finemente
- 1 peperoncino rosso piccolo, privati dei semi, tritato finemente
- 80 ml di salsa di soia
- 24 capesante nel mezzo guscio
- Foglie di coriandolo, per servire

VERDURE CINESI SALATE

- 100 ml di aceto di riso
- 2 cucchiai di zucchero semolato
- 1/2 cipolla rossa, tagliata a fettine sottili
- 1 carota, tagliata a bastoncini
- 1/2 cetriolo libanese, privati dei semi, tagliato a bastoncini

PREPARAZIONE

1.Per preparare le verdure, mescolare aceto e zucchero in una padella. Portare a ebollizione mescolando continuamente per far sciogliere lo zucchero. Abbassa la fiamma e continua a cuocere per altri 2 minuti. Togliete dal fuoco e mettete da parte a raffreddare dopo aver aggiunto le verdure.

2. Riscaldare gli oli in un wok a fuoco alto, quindi aggiungere lo zenzero, l'aglio e il peperoncino e saltare in padella per alcuni secondi. Togli il pollo e mettilo in una ciotola con 60 ml di acqua e salsa di soia.

3. In 2 vaporiere di bambù larghe, disporre le capesante in un unico foglio. Condire con la salsa, quindi impilare i piroscafi, coprire e cuocere a vapore per 5 minuti o fino a quando non sono appena cotti su un wok o una padella grande di acqua bollente.

Ricopri ogni piatto con quattro capesante, verdure e coriandolo.

SCALLOPINE DI VITELLO CON INSALATA DI FINOCCHI E PARMIGIANO

Porzioni: 4

INGREDIENTI

- 4 x 150 g di cotolette di vitello
- 1 1/2 tazze (225 g) di farina 00, condita
- 3 tazze (210 g) di pangrattato fine di un giorno
- 2 cucchiai di prezzemolo a foglia piatta tritato finemente
- 1 tazza (80 g) di parmigiano grattugiato finemente

- 2 uova sbattute con 1 cucchiaio di senape di Digione
- Olio d'oliva leggero, per soffriggere
- Spicchi di limone e purè di patate
- Parmigiano grattugiato, per servire
- INSALATA DI FINOCCHI E PARMIGIANI
- 1 cipolla rossa, affettata sottilmente
- 60 ml di olio d'oliva
- 2 cucchiai di succo di limone
- 1 finocchio (o 2 piccoli), tagliato a fettine sottili
- 2 tazze di foglie di prezzemolo a foglia piatta
- 60 g di parmigiano, a scaglie
- 1 tazza di foglie di radicchio sminuzzate

PREPARAZIONE

1.Per preparare l'insalata, mettere la cipolla in una piccola ciotola e coprire con acqua bollente per 5 minuti. Scolare e mettere da parte a raffreddare. Condire con sale e pepe, quindi condire con la cipolla e il resto degli ingredienti dell'insalata. Elimina dall'equazione.

2.Posizionate la carne di vitello tra due fogli di pellicola trasparente e stendetela delicatamente. In una padella spalmare la farina. In una padella a parte, unire le briciole, il prezzemolo e il parmigiano. Il vitello viene prima infarinato, poi immerso nell'uovo, poi briciole. In una padella a fuoco medio-alto, scaldare l'olio. Cuocere il vitello in lotti per 2-3 minuti per mano o fino a doratura. Utilizzando un tovagliolo di carta, assorbire il liquido in eccesso. Resta al caldo mentre finisci il resto del pasto. Servire con lattuga, purè di limone e parmigiano.

CAPESANTE CON PEPERONATA E FAGIOLI

Porzioni: 4

INGREDIENTI

- Vasetto di peperonata da 290g
- 2 cucchiai di Passata di Pomodoro Ardmona
- 20 capesante senza uova
- 2 cucchiai di olio d'oliva
- 50 g di foglie di insalata mista (mesclun)
- Olio extravergine di oliva, a filo
- 200g vasetto aioli (maionese all'aglio)

PREPARAZIONE

1.In una casseruola, scaldare la peperonata e la passata a fuoco basso per 2-3 minuti, o fino a completa cottura. Condire con pepe nero appena macinato e sale marino.

2.Spennare entrambi i lati delle capesante con olio e condire con sale e pepe. Cuocere le capesante in lotti in un'ampia padella a fuoco alto per 30 secondi per lato fino a doratura ma ancora traslucida al centro.

3.Assemblare la peperonata, le capesante e le foglie di insalata sui singoli piatti da portata. Condite con sale e pepe, poi irrorate con olio extravergine di oliva e aioli prima di servire.

CAPESANTE, CARCIOFI DI GERUSALEMME E RADICCHIO

Porzioni: 4

INGREDIENTI

- 24 capesante fresche, attaccate le uova
- 8 topinambur
- Scorza e succo di 1 limone
- 100 g di burro non salato
- 2 cucchiai di olio extravergine di oliva
- Sale marino
- 1/2 tazza (125 ml) di succo di frutta
- 2 cucchiai di prezzemolo a foglia piatta tritato fresco

- 2-3 piccole foglie di radicchio per persona, per servire

PREPARAZIONE

1.Le capesante devono essere lavate raschiando il tubo digerente ma non le uova. I carciofi vanno pelati e tagliati a fettine sottili nel senso della lunghezza. Per evitare lo scolorimento, applica una spruzzata di succo di limone. Carciofi non bagnati.

2.In una padella antiaderente, sciogliere metà del burro e metà dell'olio a fuoco medio-alto fino a doratura. Friggere i carciofi fino a dorarli (in lotti se necessario). Metti il pollo su un piatto e mettilo da parte.

3. Condire le capesante con la scorza di limone, il sale e il pepe nero. A fuoco medio-alto, sciogliere il burro e l'olio rimanenti nella padella e rosolare le capesante in due volte (dato che non devono cuocere in camicia) fino a doratura da un lato, quindi girarle per cuocere l'altro lato.

Usa il verjuice per sfumare l'ultima padella di capesante. Mescola insieme le capesante, i carciofi e il prezzemolo. Condire a piacere e, se possibile, aggiungere ancora un po 'di succo di limone e olio. In foglie di radicchio servire.

CAPPOTTO CON FAGIOLI NERI E PEPERONCINO

Porzioni: 4

INGREDIENTI

- 3 cucchiai di fagioli neri salati cinesi, sciacquati
- 2 cm di zenzero fresco, pelato e tagliato a fiammiferi molto sottili
- 1 cucchiaino di zucchero
- 1 cucchiaio di vino di riso cinese (shaohsing) o sherry secco
- 3 cucchiai (1/4 di tazza) di salsa di soia
- 1 cucchiaino di olio di sesamo
- 8 capesante fresche sul guscio

- 1 peperoncino rosso lungo, privati dei semi, affettato molto finemente nel senso della lunghezza

PREPARAZIONE

1. Mettere a bagno i fagioli in acqua fredda per circa 5 minuti dopo ogni aggiornamento. La metà dei fagioli deve essere scolata e schiacciata delicatamente.

2. Unisci i fagioli, lo zenzero, lo zucchero, il vino di riso, la salsa di soia e l'olio di sesamo in una terrina. Versare la salsa sulle capesante e guarnire con il peperoncino.

3. Cuoci al vapore le capesante per 4-5 minuti, o fino a cottura ultimata, in una pentola a vapore con acqua bollente. Servite subito.

INSALATA CALDA DI CAPALE E NOCI

Porzioni: 6

INGREDIENTI

- 5 fette di pane di buona qualità
- 125 ml di olio d'oliva, più 1-2 cucchiai in più per i crostini
- 24 capesante, private delle uova
- 1 cucchiaio di olio di noci
- 2 cucchiai di aceto di sherry
- 100 g di foglie di insalata per bambini (mesclun)
- 1 radicchio, le foglie esterne scartate
- 1 tazza di noci, tostate, tritate

PREPARAZIONE

1.Taglia il pane a cubetti molto piccoli per i crostini. In una padella a fuoco medio, scaldare l'olio extravergine di oliva e soffriggere, ruotando per garantire una cottura uniforme, per 3-4 minuti, o fino a doratura.

2. Mettere da parte su un tovagliolo di carta per scolare.

3.Utilizzare un tovagliolo di carta, asciugare le capesante e condire con sale e pepe.

4.Per preparare il condimento, sbatti insieme 80 ml di olio d'oliva, olio di noci e aceto di sherry, quindi condisci a piacere.

5.In un piatto mescolate le foglie di insalata, il radicchio e le noci con i crostini di pane.

6. Riscaldare l'olio rimanente in una padella a fuoco alto e cuocere le capesante quando sono molto calde (potrebbe essere necessario farlo in lotti). Cuocere per 30 secondi con entrambe le mani, o fino a doratura all'esterno e opaca al centro.

7.Posizionare l'insalata sui piatti da portata dopo averla mescolata con il condimento. Mettere 4 capesante su ogni piatto e servire subito ..

CAPESANTE CON RISO PICCANTE

Porzioni: 4

INGREDIENTI

- 12 capesante grandi senza uova
- 2 cucchiaini di curry dolce in polvere
- 1/2 cucchiaino di zucchero di canna
- 1 cucchiaio di olio vegetale
- 1 tazza di riso basmati
- 1 cucchiaino di curcuma macinata
- 1 tazza di piselli surgelati
- 1 peperoncino rosso, privati dei semi, a fette
- 2 cucchiai di anacardi, leggermente tostati
- Crescione, per guarnire (facoltativo)

PREPARAZIONE

1. Ricopri le capesante con il curry in polvere, lo zucchero di canna e metà dell'olio vegetale in un contenitore di plastica. Mettere in frigorifero fino al momento dell'uso.

2.In una pentola di acqua bollente salata, unire il riso basmati e la curcuma. Cuocere, mescolando di tanto in tanto, per 8 minuti a fuoco medio-basso, o fino a quando il riso è quasi finito. Cuocere per un altro minuto dopo aver aggiunto i piselli. Rimettere la miscela nella padella dopo averla scolata. Arretrato, protetto.

3.Spennare l'olio vegetale rimanente in una padella antiaderente e posizionarlo a fuoco alto. Cuocere le capesante per 1 minuto su ogni lato quando la padella sarà calda. Mettere il riso sui piatti da portata e guarnire con gli anacardi dopo aver mescolato il peperoncino tagliato a fettine. Servire con le capesante e, se lo si desidera, le foglie di crescione.

CAPESANTE DI CONFETTURA AL PEPERONCINO CON VERDI ASIATICI

Porzioni: 4

INGREDIENTI

- 2 mazzi di broccoli cinesi (gai lan), mondati, tagliati a pezzi di 6 cm
- 20 capesante senza uova
- 1 1/2 cucchiaio di marmellata di peperoncino *
- 2 cucchiaini di olio d'oliva
- 1 cipolla piccola, tagliata a fettine sottili
- 2 cucchiaini di salsa di soia leggera

PREPARAZIONE

1. Cuocere al vapore i broccoli cinesi per 2-3 minuti, coperti, in una grande casseruola di acqua bollente finché sono teneri. Scolare l'acqua e metterla da parte.

2. Nel frattempo mescolate le capesante con 1 cucchiaio di marmellata di peperoncino. 1 cucchiaino di olio d'oliva 1 cucchiaino di olio d'oliva 1 cucchiaino Quando la padella sarà calda, aggiungere le capesante e cuocere per 1 minuto per mano, o finché non saranno appena cotte. Togli la padella dal fuoco e copri per stare al caldo.

Riduci la fiamma a una temperatura media e applica il restante cucchiaino di olio nella padella. Cuocere per 3-4 minuti o finché la cipolla non si sarà ammorbidita. Aggiungere il restante 1/2 cucchiaio di marmellata di peperoncino ei broccoli per coprire. Togliete dal fuoco e applicate la salsa di soia.

4. Mettere le verdure nelle ciotole e guarnire con le capesante.

CAPESANTE CON TAGLIATELLE E SALSA D'OSTRICA

Porzioni: 4

INGREDIENTI

- Confezione da 200 g di spaghetti all'uovo
- 2 cucchiai di olio di arachidi
- 1 mazzetto di broccolini, tagliati a metà in cimette e gambi
- 24 capesante (senza uova)
- 2 cucchiaini di olio di sesamo
- 2 cucchiai di salsa di ostriche, più una quantità extra per condire
- 1 cucchiaino di salsa di soia

- 1 cucchiaino di zucchero
- 1 peperoncino rosso lungo, privati dei semi, affettato sottilmente
- 1/2 mazzo di cipollotti, tagliati a fettine sottili in diagonale
- 1 mazzetto di coriandolo, foglie raccolte

PREPARAZIONE

Cuocere le tagliatelle come indicato sulla confezione, quindi scolarle e condirle con 1 cucchiaino di olio di arachidi.

In una casseruola di acqua bollente salata sbollentare i broccolini per 1 minuto. Scolare e sciacquare sotto l'acqua corrente fredda.

Pulite le capesante con un tovagliolo di carta prima di spennellarle con olio di sesamo. In una grande padella antiaderente, scaldare l'olio di arachidi rimanente a fuoco medio-alto. Quando la padella si sarà riscaldata, aggiungere le capesante in 6 volte. Cuocere per 1 minuto per mano o finché non compaiono segni di bruciatura ma il centro rimane opaco. Mettere su un piatto a raffreddare.

Mescola la salsa di ostriche, la salsa di soia, lo zucchero e 2 cucchiai d'acqua nella padella. Rimetti le capesante, i noodles e i broccolini nella padella e mescola velocemente per riscaldarli. Unisci il peperoncino, il cipollotto e il coriandolo in una terrina. Servire immediatamente con salsa di ostriche extra spruzzata sopra.

CEVICHE DI SALMONE E PALO

PORZIONI: 6

INGREDIENTI

- 400 g di filetto di salmone, spinato
- 300 g di capesante, private delle uova
- 1 tazza (250 ml) di succo di lime fresco
- 4 pomodori maturati nella vite, tritati
- 3 peperoncini verdi lunghi, privati dei semi, tritati finemente
- 6 cipollotti, tritati finemente
- 1/3 di tazza di foglie di coriandolo tritate, più una quantità extra per guarnire
- 1/2 cetriolo telegrafico, sbucciato, tritato
- 1 avocado, polpa tritata

- 60 ml di olio d'oliva
- Foglie di lattuga baby (1-2 a persona, a seconda delle dimensioni), da servire

PREPARAZIONE

. Tagliate i frutti di mare a cubetti e saltateli in una ciotola di succo di lime. Mettete in frigorifero per 4 ore, sigillato. Scolare il succo e condire con sale marino e pepe prima di aggiungere il pomodoro, il peperoncino, il cipollotto, il coriandolo, il cetriolo, l'avocado e l'olio.

Per mangiare, adagia il ceviche sopra le foglie di lattuga nelle ciotole. Servire immediatamente, guarnito con foglie di coriandolo extra e spicchi di lime se lo si desidera.

CONCLUSIONE
FORNISCE ACIDI GRASSI OMEGA-3

Uno dei motivi principali per cui il pesce è così buono per noi è perché contiene alti livelli di acidi grassi omega-3. In un mondo in cui la maggior parte delle persone consuma troppi acidi grassi omega-6 da oli vegetali raffinati, condimenti per insalata e spezie lavorate, è urgentemente necessario aumentare gli alimenti omega-3.

Gli acidi grassi omega-3 agiscono come un contrappeso ai grassi omega-6 e aiutano a contenere l'infiammazione bilanciando i livelli di acidi grassi omega-3 e omega-6. Gli acidi grassi omega-3 sono considerati antinfiammatori, mentre gli acidi grassi omega-6 sono antinfiammatori. Abbiamo bisogno di entrambi i tipi, ma molte persone mancano di acidi grassi omega-3. Il consumo di livelli più elevati di omega-3 è stato collegato a una migliore salute mentale, livelli più bassi di trigliceridi, una migliore salute riproduttiva e fertilità, un migliore controllo ormonale e un minor rischio di diabete.

AIUTA A RIDURRE L'INFIAMMAZIONE

Il motivo per cui gli omega-3 presenti nei pesci sono così preziosi è principalmente a causa della loro capacità di combattere l'infiammazione. Aiutano a controllare le malattie infiammatorie che portano a numerose malattie, tra cui cancro, artrite reumatoide e asma.

Entrambi i tipi di grassi polinsaturi sopra descritti svolgono un ruolo importante nell'organismo e contribuiscono alla formazione dei nostri ormoni, delle membrane cellulari e delle risposte immunitarie. Ma gli acidi grassi omega-3 e omega-6 hanno effetti opposti quando si tratta di infiammazione. In generale, troppi omega-6 e troppo pochi omega-3 causano infiammazione. Si ritiene che l'infiammazione contribuisca allo sviluppo di condizioni croniche come cancro, diabete, malattie cardiache e altro.

PROMUOVE LA SALUTE DEL CUORE

EPA e DHA sono due acidi grassi omega-3 essenziali per controllare l'infiammazione e promuovere la salute del cuore. Gli studi dimostrano che il consumo quotidiano di EPA e DHA può aiutare a ridurre il rischio di malattie cardiache e morte per malattie cardiache, a volte efficaci quanto i farmaci da prescrizione come le statine. La combinazione di nutrienti nei frutti di mare aiuta anche a regolare il battito cardiaco, abbassare la pressione sanguigna e il colesterolo, ridurre la formazione di coaguli di sangue e abbassare i trigliceridi. Tutti questi possono aiutare a proteggere dalle malattie cardiache e dall'ictus.

PU AIUTARE A PROTEGGERSI CONTRO IL CANCRO

La ricerca mostra che mangiare più pesce e frutti di mare ad alto contenuto di omega-3 avvantaggia il sistema immunitario e aiuta a combattere il cancro sopprimendo l'infiammazione. Mentre una dieta vegetariana è stata collegata a una minore incidenza di alcuni tipi di cancro (come il cancro al colon), il pescatarianismo è associato a un rischio ancora più basso rispetto ai vegetariani e ai non vegetariani, secondo alcuni studi.

Diversi studi suggeriscono anche che il consumo di molti acidi grassi omega-3 può aiutare coloro a cui è stato precedentemente diagnosticato un cancro bloccando la crescita del tumore. Uno stile di vita pescatario ad alto contenuto di omega-3 può anche aiutare le persone sottoposte a chemioterapia o altri trattamenti contro il cancro, poiché aiutano a mantenere la massa muscolare e regolare le risposte infiammatorie che sono già compromesse nei malati di cancro.

COMBATTE DECLINO COGNITIVO

Gli acidi grassi omega-3 come il DHA sono vitali per il corretto sviluppo del cervello e il mantenimento delle funzioni cognitive nella vecchiaia. Molti studi hanno dimostrato che bassi livelli di omega-3 negli anziani sono collegati a diversi marker di ridotta funzionalità cerebrale, tra cui la demenza o il morbo di Alzheimer. Livelli più bassi di omega-3 durante la gravidanza sono stati persino collegati a bambini che hanno punteggi dei test di memoria inferiori e difficoltà di apprendimento.

AUMENTA L'UMORE

Poiché combattono lo stress ossidativo, che influisce sul corretto funzionamento del cervello, gli omega-3 di pesce e frutti di mare sono stati collegati a una migliore salute mentale e a un minor rischio di demenza, depressione, ansia e ADHD. Ciò significa che una dieta pescatariana può essere un rimedio naturale anti-ansia e aiutare a gestire i sintomi dell'ADHD mentre combatte i sintomi della depressione.

SUPPORTA LA PERDITA DI PESO

Molte persone hanno iniziato a utilizzare la dieta pescatariana per dimagrire, e per una buona ragione. Un basso apporto di acidi grassi omega-3 è stato collegato all'obesità e all'aumento di peso. Gli studi dimostrano anche che le persone che mangiano più cibi a base vegetale (compresi i vegetariani) tendono ad avere un BMI più basso e una migliore gestione del peso, probabilmente perché mangiano più fibre e meno calorie.

Non solo, ma proteine e grassi sani sono fondamentali per sentirsi sazi e molti dei nutrienti presenti nel pesce possono aiutare a ridurre l'appetito. Indipendentemente dalla tua dieta, punta a un elevato apporto di frutta, verdura, proteine di alta qualità, grassi sani, semi, noci, fibre e sostanze fitochimiche. Tutti questi possono aiutarti a perdere peso velocemente e tenerlo fuori.

CPSIA information can be obtained
at www.ICGtesting.com
Printed in the USA
LVHW050948010621
689024LV00009B/749